世界から
忘れられた
廃墟

誕生・繁栄・破滅の物語

世界から
忘れられた
廃墟

誕生・繁栄・破滅の物語

トラビス・エルボラフ
マーティン・ブラウン
梅田智世　訳

目　次

旅の終わり

放棄された施設

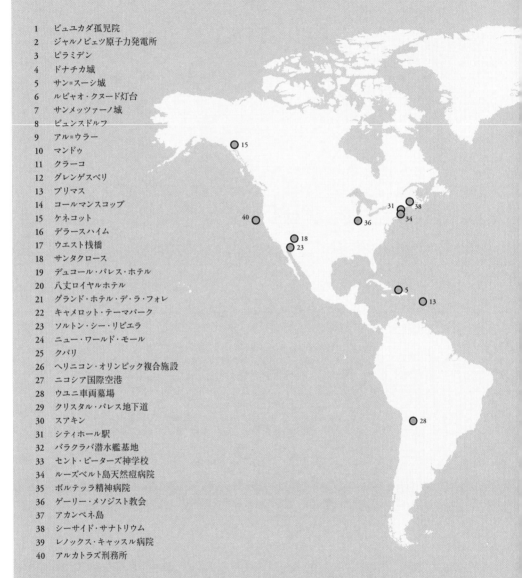

はじめに

　忘却とは、思い出す力を失うことだ。「忘れる」を意味する英語の forget は for-（禁止、否定、失敗などを意味する接頭語）と get（得る）からなる。つまり「得られない」ということであり、ここで言うところの「得られない」は、「過去の何かを思い出しえない」ことを意味する。もちろん、単に「うっかりしていた」という場合もある。何しろ忘却とは、人間には逃れようのない、基本的な性質である。不可欠と言ってもいいかもしれない。たとえば、約束をすっぽかしてしまったり、パンや牛乳を買ってきてほしいと頼まれていたのに手ぶらで帰宅してしまったとき、私たちは何かが「頭から抜け落ちていた」という言い方をする。

　英語では「なくす」を意味する言葉に「misplaced（置き場所を誤った）」と「lost（失った）」があるが、前者のほうは「一時的な不在」といったニュアンスが強い。そこには、すぐにもまた見つかるという思いや、少なくともその可能性が内包されている。フランスの文学者ポール・バレリーのものとされる格言──「詩というものはけっして完成しない、ただ放棄されるだけだ」──では、「放棄」の中にある種の挽回や改善の可能性が存在している。「完成」とは死んで終わることであり、戻る道はない。対する「放棄」は、少しの注目があれば、まだ終わっていない状態に戻ることができる。捨てられたものがまた拾われ、住む者がいなくなった場所にまた人が住みつく、というわけだ。いや、むしろ、人はそんなふうに思いたがっている、と言うべきかもしれない。新型コロナウイルス感染症のパンデミックの渦中に無人となった都市の中心部は、必要に迫られれば、暮らしの中枢がたちまち死んだような静寂に包まれてしまうことをありありと示した。現代の生活様式と都市の経済活動のすべてが、一夜にして廃れてしまうこともあるのだ。

　人類の歴史には、政治や経済、医療、社会的慣習、気候のごくごく微妙な変化によって、ついには不要と見なされるに至った場所が満ちあふれている。そのすべてに悼む価値があるわけではない。二度と思い出したくない場所や訪れたいとは絶対に思わない場所もあれば、おぞましすぎて忘れられない場所もある。だが、最近の出来事に照らしてみると、放棄された（あるいは転用された）場所の地図をつくることは、これまでにない切迫性を、もしくは重要性を帯びているように思える。そこにある物語は、万物のはかなさ、消費、流行、破滅、産業化、環境、人類の傲慢さ、記憶と記念行為があてにならないことについて、大切な教訓を伝えているはずだ（そう願いたい）。何といっ

ても、私たちが常日頃から地図で調べている場所こそが、未来の旅の行き先になるのだから。

　忘れ去られた場所、脇へ追いやられた場所、住む者がいなくなった場所、住めなくなった場所——そんな場所を集めた本書の発端は、新型コロナの流行と、前著『Atlas of Improbable Places（ありえない場所の地図）』で触れたポベーリア島の物語だったと言えるかもしれない。ポベーリア島はベネチアの沖合8キロに浮かぶ小さな島で、昨今の住民はもっぱら幽霊たちだ。この島を世界屈指の幽霊出没地と評する人も多い。広さ7ヘクタールのこの島が長年にわたって担ってきた役割を考えれば、その称号を得るのも至極当然だろう。1340年代の黒死病（ペスト）襲来のあと、そして1600年代の腺ペスト流行時にも、死者や瀕死の者がベネチア共和国からこの島に運ばれ、集団墓地に無造作に捨てられ、埋められたのだ。生きながら捨てられたケースも少なくない。

　何世紀もの間、ベネチアへ入ろうとする者は、ポベーリア島に40日間とどまってからでなければ立ち入りを許可されなかった。この40日は、イエス・キリストがユダヤ砂漠で断食し、悪魔に誘惑されて過ごした日数に等しく、quarantine（イタリア語で40の意）と呼ばれていた。このクアランティンという単語は、やがて感染症の疑いがある者を隔離する行為全般を指すようになる。2020年になるまで、おそらく先進国に住む人の大半は、そうした行為は動物の移動のためのもの、もしくは予防接種や抗生物質以前の時代の名残だと思っていただろう。

　時の試練の中では、失われたものが大きく見えることがある。たとえば、自由に移動できること。それは、新型コロナ流行の犠牲になった多くのものの1つだ。それでも、本書にある都市の風景をよくよく眺めてみれば、立ち現れる荒れ果てた建築物が、病気にかかることなく移動できることの得がたさを、そして病人や厄介者に対して下されてきた残虐な処置を私たちが容易に忘れてしまうことを戒めてくれるかもしれない。

　そんなわけで、本書には忘れられた場所や顧みられなくなった場所を集めた。美しく、醜い、そしてときに恐ろしい古今東西の廃墟。再評価されたり復興半ばにある廃墟、あるいはそれすらない廃墟。誰ひとり思い出さない、手に入りえない、忘れ去られた場所。「放棄」はすべての希望を捨てる理由にはならない。むしろ反対に、この先の世界について、そして破滅から救い出す価値あるものについて、もっと時間をかけて、もっと懸命に考えろと私たちを焚きつけているのだ。

空っぽの建造物
VACANT PROPERTIES

ビュユカダ孤児院

BÜYÜKADA ORPHANAGE

イスタンブール（トルコ）

ISTANBUL, TURKEY

古都イスタンブールの沖合に浮かぶ
ビュユック島では、ユーラシア大陸で最大の、
また世界では2番目に大きな純木造建築物の名残を
見ることができる。6000人近い孤児が、
孤児院として使われたこの建物の門をくぐった。

　古都イスタンブール（1930年まではコンスタンティノープルと呼ばれていた）は、かつてビザンチン帝国とオスマン帝国の首都であり、アジアとヨーロッパの間で平衡を保つ三角形の半島の、7つの丘をまたぐように位置している。この街は何千年にもわたり、東西を行き来する交通の橋として、また壁としても機能してきた。

「3つの海」——金角湾、ボスポラス海峡、マルマラ海——の海水に洗われた古代の城壁は、その小塔や銃眼付きの胸壁とともに、今日まで生き延びている。アヤソフィアとブルーモスク（スルタンアフメト・モスク）もひときわ威風堂々と存在している。ビザンチン帝国のユスティニアヌス帝が537年に再建してキリスト教の聖堂としたアヤソフィア、尖塔と精緻なタイル張りの内装を備えた1616年完成のオスマン帝国のブルーモスク、どちらも歴史の交差点におけるイスタンブールを象徴するモニュメントだ。そして、強大な権力と信仰の力、宗教の調和と衝突、商業と海運、敬虔さと強欲さ、高尚な芸術と低俗さ、暴力と陰謀を併せのんだこの街の成り立ちは、今日に至るまで保たれている。

　だが、煉瓦や大理石、タイルや石などでできた建築物が伝えるのは、トルコの豊かな建築遺産をめぐる物語の半分に過ぎない。20世紀以前、イスタンブールやその周辺につくられた建築物の大多数は木造だった。現在の首都アンカラに近いトルコ内陸のボラトリには、ビャクシンと松でできたミダス王の墓と、高さ40メートルの墳丘の遺跡が現存している。ミダス王は鉄の時代のフリギア王国を支配したとされる伝説上の王だ。現存する世界最古の木造構造物と見られるこの墓が生き延びてきたのは、奇跡と言うほかない。何しろ、世界中の名高い木造の神殿、宮殿、邸宅、橋が、火災や腐敗や木食い虫に屈して、解体されたり、より頑丈な石材に置き換えられたりしてきたのだから。

木造建築の利点

　ギリシャ人やローマ人、十字軍、イスラム系トルコ人がこぞって襲撃、侵攻、包囲、略奪、破壊してきた都市において、木は理論的にまずい選択肢と思われるかもしれない。だが、16世紀はじめには、外部からの侵略者よりも地震のほう

右：ビュユカダ孤児院の建物は、全体が木でできている。現在は放棄されて崩れかけている。

が大きな脅威だった。とりわけ、1509年の大地震は、木造建築の構造的利点を証明するのに一役買った。木造建築は地震の揺れに合わせて揺れるし、仮に損壊したとしても被害は小さい。また、一般的に言って、修復や建て替えも石造よりはるかに簡単で、安く上がる。土地面積の限られた半島では、木造のほうが建物を高くできるという利点もあった。

イスタンブールの住宅の特徴の1つが、壁からせり出した上層階の出窓だ。多くの住宅では、家屋の最上部が軒の上にまで広がり、狭い街路の上を覆っていた。これは屋内のスペースを広げると同時に、下の敷石を歩く通行人にとっては日陰や風雨しのぎになった。こうした家屋は密集して建てられることが多く、その一部はイスタンブールの歴史地区にあるスレイマニエ・モスクやゼイレク・モスクの周辺に現在も残っている。だが、第一次世界大戦中の火災をきっかけに施行された木造建築禁止令と、木造建築物を維持する伝統的な職工技術の消滅、そしてここ数十年のイスタンブールの徹底した近代化により、古い家屋の多くが解体の道をたどっている。

ホテルから孤児院へ

とはいえ、マルマラ海に浮かぶ9つの島からなるプリンセス諸島のビュユカダ（ビュユック島）では、知られている限りユーラシア最大、そしておそらく世界でも2番目に大きい純木造建築物の名残を見ることができる。高さ21メートル、幅およそ1025メートルのこの建物は、著名なフランス系オスマントルコ人建築家アレクサンドル・ワリョリーにより、国際寝台車会社の依頼でホテル兼カジノとして1898年に建てられたようだ。この会社は大陸横断鉄道オリエント急行を運行し、オリエント急行はのちにアガサ・クリスティの長編推理小説でその名を不朽のものにし、豪華列車の代名詞となる。

イスタンブールにあるワリョリーのほかの建築物としては、新古典主義のペラ・パレス・ホテルがある。1892年に急遽築かれたこの西洋風の建物は、オリエント急行でオスマン帝国の首都に到着する裕福な訪問者（大半はヨーロッパ人）にサービスを提供するためのものだった。

ビュユカダのホテルは、構造という点では土地固有の建築に近いものの、ペラ・パレス・ホテルと同じく、国際寝台車会社の客車でイスタンブールに運び込まれる外国人富裕客を引きつける意図で設計されていた。しかし、このホテルは結局、開業許可を得られなかった。その理由は記憶から失われているが、おそらく最も大きな要因は、オスマン帝国スルタンのアブデュルハミト2世が賭博を嫌っていたことだろう。その後、この人目を引く古き良き時代の建築物は、1903年にギリシャのとある慈善家に売却され、その慈善家がコンスタンティノープル総主教に寄贈して孤児院兼学校に改造された。

長い年月にわたり6000人近い孤児がこの木造の門をくぐったが、その間にオスマン帝国は滅亡し、2つの世界大戦といくつかの革命を経て、イスタンブールは新たに生まれた世俗国家トルコの首都の座をアンカラに奪われる。そのすべてを生き延びてきた孤児院も、1964年、キプロスをめぐるギリシャとトルコの緊張の高まりのさなか、ついに閉鎖されることとなった。

最近になってギリシャ正教会の手に返され、近くのシャレー風の小屋で暮らす監視員に守られてはいるものの、この建物は金網フェンスの後ろでじっとしたまま、梁で支えられた天井や木の骨組みが時の流れに蝕まれるのに屈してきた。ホスピタリティ（と賭け事）のためにつくられ、親や保護者を失った子どもたちの避難所にもなった建物は、このうえなく過酷な運命にさらされた末に、ついに自らも見捨てられるに至ったというわけだ。

ジャルノビェツ原子力発電所

ZARNOWIEC NUCLEAR POWER PLANT

ポーランド

POLAND

チョルノービリ（チェルノブイリ）原子力発電所の
爆発事故は、多くの人や物の運命を劇的に変えた。
ウクライナに隣接するポーランドに建設中だった
ジャルノビェツ原子力発電所も、その1つだ。
この発電所が稼働の日を迎えることはなかった。

グダニスクから北西におよそ60キロ、ポーランド北部のバルト海に面したコロコバ・グミナ（基礎自治体）に属するジャルノビェツ村の活力の源は修道院だった。1235年にシトー修道会の尼僧の命令により築かれ、500年以上も君臨したこの修道院は、ある意味で、当地のもう一方のランドマークであるオダルゴブの「悪魔の石」の存在の一因になったとも言える。3.5メートル近い高さでそびえるその巨石は、側面にぎざぎざの刻み跡があることで知られ、言い伝えでは「悪魔が残した爪痕」とされる。伝承によると、魚や肉や卵、そして肉欲を断つ信心深い人々がこの沿岸地域にあまりにも多いことに腹を立てたサタンが、くだんの巨石を拾い上げ、修道院の教会に投げつけて地上から消し去ろうとした。しかし、神の導き（もしくは悪魔サイドの時間管理のまずさ）のおかげで、雄鶏の鳴き声に驚いて石を取り落とし、夜が明ける前に退散したのだという。

新たな不安

悪魔の石はコロコバの風景にたたずむ不吉な存在ではあるものの、人を不安にさせるという点でその石をしのぐ新顔が近年加わった。けっして完成しないジャルノビェツ原子力発電所だ。

ポーランドにとって、とりわけ共産主義政権下の数十年間、石炭は王のような存在だった。東欧で最大のエネルギー生産国であり消費国であったポーランドは、エネルギー需要のおよそ80パーセントを石炭でまかなっていた。しかし1950年代以降、貴重な天然資源を節約し、化石燃料の輸出量を確保するために、原子力発電が計画され始める。結局、ポーランド政府が同国初の原発をジャルノビェツに建設すると発表したのは、ようやく1982年のことだった。湖畔の建設予定地は、グダニスクとグディニャの海港から行きやすい場所にあった。計画では、28ヘクタールの敷地にソ連が設計したVVER-400原子炉4基が設置され、ほかの建物からなる複合施設も建てられ、1993年までに完成するものと期待されていた。

発表から4年後の1986年、建設が順調に進んでいたさなかに、ウクライナでチョルノービリ（チェルノブイリ）原子力発電所の原子炉が爆発し、放射性雲（プルーム）がヨーロッパ全土に広がった。国連が「史上最悪の核災害」（事故の全貌が明らかになることはおそらくないだろうが…）と呼ぶこの事故により、およそ3500万人が被災し、5万平方キロ近い土地が汚染されたという。チョルノービリ原発事故の生成物は、実際

空っぽの建造物

16

ウェーデン

エーランド島

バルト海

ボーンホルム島

ジャルノビェツ

クライペダ

リトアニア

ネマン川

カウナス

ビリニュス

グダニスク湾

グディニャ

グダニスク

コジャリン

カリーニングラード

ロシア

エルブロンク

オルシュテイン

ビアウィストク

シチェチン

ノテチ川

ビドゴシチ

トルニ

プウォツク

ワルシャワ

ブレスト

ゴジュフ
ベルコボルスキ

ポズナニ

ワルタ川

ポ　ー　ラ　ン　ド

カリシ

ウッジ

ビリツァ川

ラドム

ルブリン

ルビン

レグニツァ

ウロツワフ

チェンストホバ

ズ
デ
ー
テ
ン
山
脈

オ
ー
デ
ル
川

カトウィツェ

ビスワ川

クラクフ

サン川

ジェシュフ

プラハ

チ　ェ　コ

オストラバ

クロスノ

カ　ル　パ　チ　ア　山　脈

ジリナ

スロバキア

コシツェ

ミシュコルツ

ハ　ン　ガ　リ　ー

ジャルノビェツ原子力発電所の
主要な構造要素

左上：ジャルノビェツ原子力発電所は
ついに完成せず、1990年に完全に放
棄された。

的にも比喩的にも計り知れないものだった。始末に負えない権威主
義的な政治システムを衆目にさらし、のちのソ連崩壊のきっかけに
なったとも言われている。このシステムでは2つの意味でパワー（権
力と電力）が腐敗していたのだ。

建設中止

　チョルノービリがポーランドに招いたものは、ジャルノビェツ原
発建設に反対する環境保護団体の抗議活動だった。ジャルノビェツ
ではウクライナで事故を起こしたものとは違うタイプの原子炉が使
われる予定であったとはいえ、建設が進められている土地では断層
テクトニクスが見つかっていた。

　1989年のベルリンの壁崩壊と建設継続に反対する一致団結した
運動を経て、1990年9月、とうとうジャルノビェツで工具が下ろさ
れた。建設中止には5億ドルという涙ものの費用を要したが、開発
計画を維持した場合の推定費用はこれをはるかに上回る。建設が進
んでいた2基の原子炉は取り壊され、別の2基は部品ごとに売却さ

上：30年間、錆びるがままになっていたジャルノビェツの広大な廃墟は、今では新たな原発建設地の候補になっている。

れた。現在では、それ以外の原発の残骸が、錆びついた空っぽの廃墟として捨て置かれている。

　だが、正味の温室効果ガス排出量をめぐるEUの政策協定の受け入れにあまり乗り気でないポーランドは、石炭への依存を減らす1つの手段として、原発を政策に復帰させている。依然として地震活動をめぐる潜在的な懸念があるにもかかわらず、新世代の原発の建設地候補としてジャルノビェツが選ばれた。チョルノービリの災害の記憶と当初のジャルノビェツ原発計画の経済的影響を振り払いたい一部の地元民にとって、このニュースは悪魔の再来と同様、招かれざるものだろう。

ジャルノビェツ原子力発電所

ピラミデン

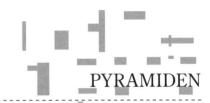

PYRAMIDEN

スバールバル諸島（ノルウェー）

SVALBARD, NORWAY

冬の3カ月は太陽が地平線から顔を出さず、
3カ月間日が沈まない真夏でさえ、
気温が7度より上がることがない。
そんな土地に6万冊の蔵書を誇る図書館があり、
1000人を超す人が住んでいた。

「アルプス山脈を上から4000フィート（約1200メートル）切り取って、北極海に移植したかのようだ」という生物学者ジュリアン・ハクスリーの印象的な描写にたがわず、スバールバル諸島の最初の名であるスピッツベルゲンは、雪を頂いた山々に由来している。北緯78度あたりに位置するこの氷河でできた諸島は、オランダ人探検家ウィレム・バレンツによって1596年に発見された。破滅へと至る北東航路探検を率いていたバレンツは、この諸島を「尖った山々（スピッツベルゲン）」と呼んだ。ピラミデンにある標高937メートルの山頂は、霧に包まれているときでさえ不気味な存在感を放ち、間違いなく尖っている。そして、どことなくピラミッドのようにも見える。古代エジプトになぞらえるのはこじつけが過ぎるかもしれないが、1998年以降、王家の谷と同じく、衰退した生活様式の奇妙な遺物をのぞき見る機会が、この廃れたソ連時代の炭鉱町に観光客を続々と引き寄せるようになっている。

ソ連の進出

石炭はピラミデンの唯一の産業だった。1910年、スベンスカ・ステンコルサクティエボラゲット・スピッツベルゲンというスウェーデン企業がこの地域で最初に鉱脈を開発し、続いてウプサラ大学の著名な地質学者ベルティル・ヘグボムが徹底的な調査を行った。だが1920年、その15年前にスウェーデンから独立を勝ち取ったばかりのノルウェーが、スピッツベルゲン条約によりこの諸島の領有権を認められる。ノルウェーは即座に諸島の名をスバールバル諸島に改めた。この名は、12世紀のアイスランドの伝説にちらりと現れる「冷たい岸」に由来する。

とはいえ、この条約では、イギリス、アメリカ、日本、ロシアなどすべての加盟国にも、この諸島の天然資源を利用する権利が等しく与えられた。結局、この権利を行使したのはロシア（ソ連）だけだった。1931年にピラミデンにおけるスウェーデンの権益を獲得していたソビエト国営トラスト

右上：レーニンの胸像は、ソ連時代のスバールバル諸島の放棄された炭鉱町でも最高の場所に陣取っている。

右下：屋内スイミングプールは、炭鉱コミュニティに提供されていた数多くの施設の1つだ。

空っぽの建造物

のアルクティクゴル（北極圏石炭会社）が、第二次世界大戦後にこの地で本格的な採掘を開始する。

　当初は、このあたりの変わりやすい沖積地形に配慮して、冴えないバラックのような建物群が岩がちの山麓や炭鉱の隣に控えめに配置されただけだったが、やがて全面的に計画された定住地へと発展していく。ピラミデンは、建築に関するソビエト政府の絶対的命令を遵守した、1つのモデルタウンとなった。「偉大なる十月六十年祭記念通り」という愛国的な名を冠した中心軸に沿って厳密に対称に配置され、ロシア革命の指導者レーニンを称える絶対必須のモニュメントで飾られていた。これは世界最北端のレーニン像である。

　さらにこの町は、世界最北端のグランドピアノと最北端の屋内スイミングプールも誇ることにな

る。炭鉱労働者とその家族のために、学校やホテル、レストラン兼バー、映画館、バスケットボールコート、体育館、蔵書6万冊の図書館を備えた文化センターなど、さまざまな施設がつくられたからだ。冬の3カ月は太陽が地平線から顔を出さず、3カ月間日が沈まない真夏でさえ気温が7度より上がることがない場所では、そうした施設はまさに天の恵みだったろう。視覚的な面をさらに改善するために、町の広場では、シベリアから持ち込んだ砂、種子、芝土を使って芝生が育てられていた。その草むらは、荒涼たるツンドラのただ中で今も育ち続けている。

　1980年代までに1000人超が住みついて幸せに暮らしていたピラミデンは、共産主義の計画経済の可能性を示す一例と見なされるようになっていた。これほど寂寞とした気候条件の中で実現したとあれば、なおさらだろう。

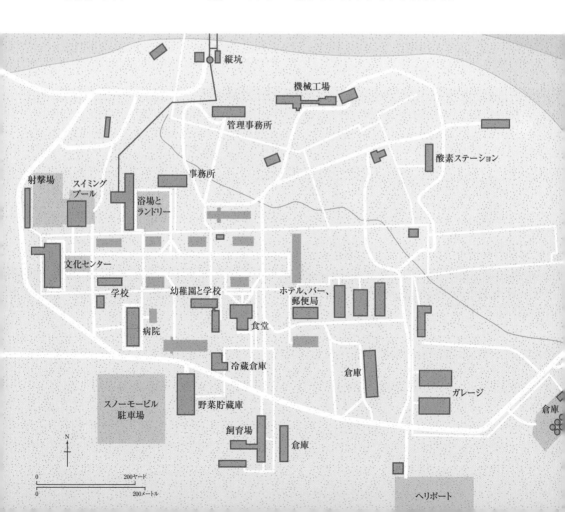

炭鉱の閉鎖

結局、1991年のソ連崩壊は一時的に乗り切れたものの、石炭価格の下落と世界のエネルギー市場の移り変わりによってピラミデン経済は持続不可能になり、1998年4月1日に炭鉱は閉鎖されることになる。最後まで残っていた300人の住民も、その年の10月までに町を去ることとなった。町民たちは各自の荷造りをするかたわら、町の備品の清掃と梱包に最後の数カ月を費やしたが、その他のものの撤収はごくごくおざなりだった。食堂、バー、音楽室、工房の各種設備、そしてピラミデンの博物館の展示物さえもがまるごと置いていかれた。そうしたものたちは、未来の破壊者やあたりをうろつくホッキョクグマに備えて窓とドアをよろい戸で閉ざした建物の中で、ファラオの墓の主さながらに、再発見されるときを待つかのようにたたずんでいた。

その後の数十年で、腐食、泥棒、カモメ、ホッキョクギツネ、氷と雪解け水の移ろいといったあらゆるものが、町のあちこちを侵略した。最も大きな被害は、ソ連の技術者によって流路を変えられた氷河の融解水流や河川が野放図になり、思い上がった人間の介入から脱して自然の領域に戻ったことだ。

とはいえ、ピラミデンでは驚くほど多くのものが無傷で残っている。そこでは、レオニード・ブレジネフがまだソ連の第一書記であるかのように、今も時間が止まったままだ。夏の間に訪れる観光客の安定した流れも、この町の壊死を食い止めている。昨今では、修復されたトゥルパン・ホテルが観光客を迎えるようになった。2013年に再開したこのホテルの宿泊客は、正真正銘のソビエト様式の部屋か、現代的な装飾の部屋のいずれかを選ぶことができる。

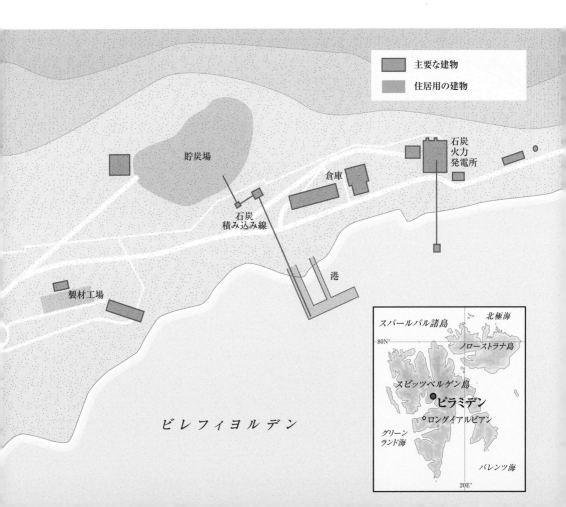

ドナチカ城

THE CASTLE OF DONA CHICA

パルメイラ（ポルトガル、ブラガ）

PALMEIRA, BRAGA, PORTUGAL

ポルトガル北部に立つドナチカ城は、
地主ジョアン・ジョゼ・フェレイラ・レゴが
妻への恋文代わりに建てようとした城だ。
だが工事は途中で中断してしまう。
夫婦仲の悪化とともに。

　ポルトガルのブラガ郊外に位置するパルメイラの地で、ドナチカ城が見捨てられたように立っているのは残酷な皮肉であるが、それが運命だったとも思える。というのも、この城を手がけたスイス人建築家エルネスト・コッローディは、ポルトガルの廃墟に魅了されていたからだ。

　1889年にブラガの工業学校に教職を得たコッローディは、19歳でポルトガルに移り住んだ。フランスの有名建築家ウジェーヌ・ビオレ=ル=デュクと同じように、コッローディも第2の祖国ポルトガルの建築遺産が置かれているひどい状況に目を向けただけでなく、多くの優れた古建築の保存と革新的な修復にも個人的に貢献した。中でも誇るべき偉業は、レイリア城の保存に一役買ったことだ。ムーア人が支配していた時代にさかのぼるその中世の城塞は、半島戦争（1808～14年）の際に大砲好きのナポレオン軍にこっぴどく破壊されたのだった。

コッローディの業績

　北のポルトと南のリスボンのおおよそ中間に位置するレイリアにコッローディが移り住んだのは、1894年、のちに校長を務めることになるその街の工業学校に異動したときのことだ。1901年、プロテスタントのコッローディは、信仰の違いを乗り越えて地元のカトリック系小学校の教師キテリア・ダ・コンセイソン・マイアと結婚し、2人は2児に恵まれる。街の屋根付き市場など数々の建物を設計するかたわら、コッローディはレイリアの自宅「ビラ・ホルテンシア」の隣に作業場をつくった。

　伝統的な石造手法の復活と、そうした手法の利用促進を新旧の建築に注ぐ彼の熱意は、イギリスのウィリアム・モリスが主導したアーツ・アンド・クラフツ運動から影響を受けていた。モリスやビオレ=ル=デュクと同様、コッローディも根っからのロマンチストだったのだ。彼の歴史主義は学者然としたものだが、独創的なイマジネーションに駆られてもいた。自身の建築では騎士道的とも言える理想化された過去を引用しつつも、進歩主義を奉じ、未来志向のアール・ヌーボーやアール・デコの流儀にも等しく精通していた。

　彼の代表的な当世風の建築物が、ポルトにあるカフェ・インペリアルだ。のちにファストフードの店舗が入ったこの建物は、現在では「世界で最も美しいマクドナルド」と呼ばれている。アルガルベのビラ・レアル・デ・サント・アントニオにあるグアディアナ・ホテルも代表作の1つだ。遅れてきたアール・ヌーボーの傑作と称されるこのホテルは、1926年に缶詰業界の大物マニュ

空っぽの建造物

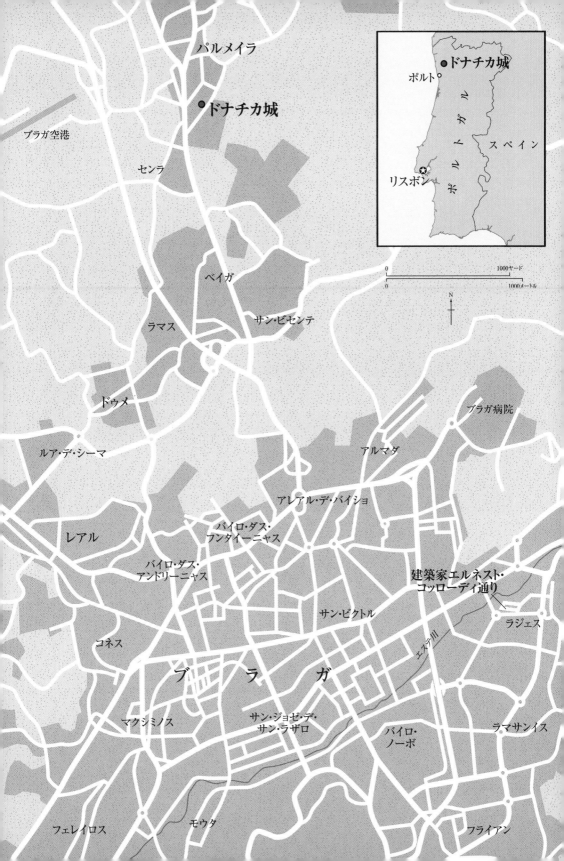

エル・ガルシア・ラミレスの依頼によりつくられたもので、ポルトガルのタホ川以南に最初に建てられたホテルとも言われている。

恋文代わりの城

　ドナチカ城も裕福なパトロンを擁する建築プロジェクトだった。こちらのパトロンは、パルメイラの地主ジョアン・ジョゼ・フェレイラ・レゴだ。フランシスカ・ペイショット・レゴ（ブラジル出身のレゴの妻で、地元では愛情をこめて「ドナ・チカ」と呼ばれていた）への恋文代わりの城の建築を任されたコッローディの任務は、2人の結婚の記念碑となる田園の大建築物をつくることだった。彼がひねり出したものは、悪い意味ではなく「過剰な折衷主義」と呼ばれる。この4階建ての建物では、ゴシック、アラベスク、ロマン主義、田園風、アール・ヌーボーの要素が遊び心たっぷりに組み合わされ、ラプンツェルが降りてきそうな円塔やいくつもの小塔、アー

上左と上：城の小塔と塔は、ゴシックからアール・ヌーボーまで多くの建築様式の組み合わせだ。

チ型の窓、列柱のあるベランダも採り入れられている。

工事は1915年に始まったが、のちにすべての作業が4年にわたってストップする。どうやら、幸福な夫婦の絆がほどけてしまったようだ。あとから振り返ってみると、コッローディは何かが起きると直感していたのかもしれない。いくつもの様式がぶつかり合った、要塞のような姿をしたおとぎ話さながらの宮殿をレゴ夫妻に捧げるという彼の決断は、ひょっとしたら、貞節や共生ではなく、むしろ不和と争いを暗示していたのではないか。

この地所はその後、とあるイギリス貴族に売却され、以来、複数の所有者に引き継がれたが、城を完成させようとする試みは資金不足のせいでことごとく行き詰まった。コッローディにちなんで名づけられた通りがブラガの別の場所にある一方で、ドナチカ城は無人のまま、堕ちた気高さの幻影、そして愛と金の移ろいやすさの象徴として、輝く甲冑に身を包んだ騎士の訪れを待っている。

サン=スーシ城

SANS-SOUCI PALACE

ハイチ

HAITI

ハイチ革命の英雄クリストフが後年、熱中したのが
要塞のような宮殿の建造だった。
「西インド諸島屈指の壮麗な大建築物」として
ほめ称えられるはずだったが、実際にたどったのは
それとは真逆の運命だった。

　ハイチと聞いて、「憂いなし」という言葉を思い浮かべる人はいないだろう。南北アメリカの最貧国であるハイチは、残忍な独裁者 "パパ・ドク" ことフランソワ・デュバリエと息子の "ベビー・ドク" ことジャン=クロード・デュバリエのもと、29年に及ぶ血に染まった年月を耐え、その後も政治の腐敗とギャングの暴力に苦しんでいる。そのうえ、最近では熱帯低気圧と地震にも立て続けに襲われた。2010年、過去200年で最悪の地震が首都ポルトープランスを襲い、20万人が犠牲になり、100万人が住む家を失った。その直後、ハイチではコレラが流行し、さらに6000人が命を落とした。だが、同じように傷を負いながら、ハイチで最も名高い大建造物であるサン=スーシ城の名前には、「憂いなし（sans souci）」という意味が隠されている。

　ドイツのポツダムにあるフリードリヒ2世の夏離宮サンスーシ宮殿に触発されたに違いない（そもそもサンスーシ宮殿自体もフランスのベルサイユ宮殿に対するフリードリヒ2世の返答だった）サン=スーシ城は、ハイチ北部の町ミロの旧プランテーションを見下ろす緑豊かな山腹に、国王アンリ・クリストフの住居として建てられた。古典的なファサード、バロック様式の両翼階段、テラス、水路、庭園、武器庫、兵舎を備えたその豪

奢なつくりは、建設当初から、王の地位と権力の確固たる象徴となるように意図されていた。

ハイチ革命の英雄

　クリストフはハイチ革命の英雄でもあった。彼はグレナダの奴隷の子として1767年に生まれたが、その後まもなく解放される（解放されたばかりの奴隷の子だったという記述もある）。フランスのフリゲート艦で給仕係を務めたあと、コックとして修業し、当時のフランス植民地サン=ドマングの首都だった港街カプ=フランセのホテルで働いていたようだ。1791年に起きた奴隷の反乱の直後、クリストフは奴隷制廃止と植民地支配の打倒を目指して戦うべく、トゥサン=ルベルチュール率いる武力闘争に加わった。この闘争は最終的に1804年の独立につながり、ハイチは世界初の黒人国家、そして奴隷の反乱で奴隷制社会を覆すことに成功した唯一の例となった。

　ハイチと名を改めた（先住民族タイノ族がイスパニョーラ島全体を指すのに使っていた）ものの、この新生国家は最初の統治者ジャン=ジャック・デサリーヌが暗殺された1806年に2つに分裂する。クリストフが北のハイチ国の長となった一方で、かつての戦友で今や最大の敵となったアレクサンドル・ペションが南部と西部にまたが

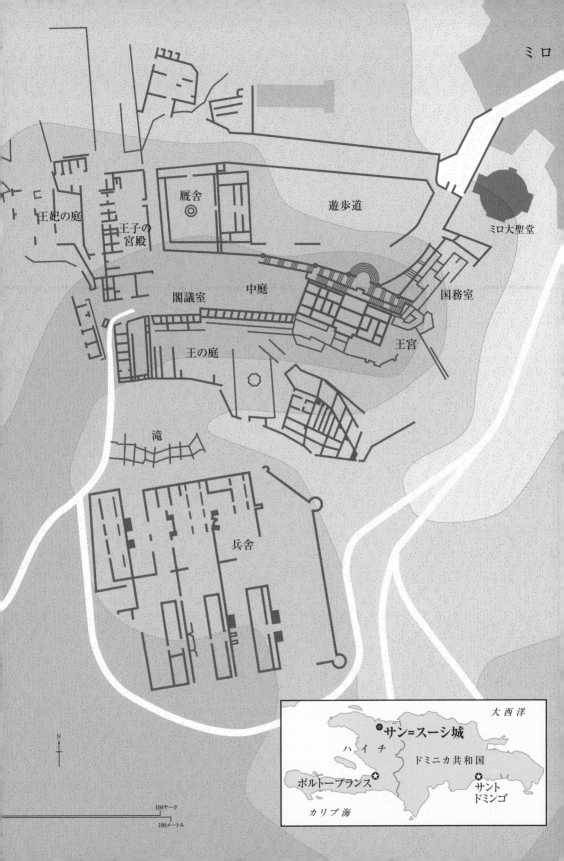

ミロ

厩舎

遊歩道

ミロ大聖堂

王妃の庭

王子の
宮殿

閣議室

中庭

国務室

王の庭

王宮

滝

兵舎

N

100ヤード

100メートル

大西洋

サン=スーシ城

ハイチ

ドミニカ共和国

ポルトープランス

サント
ドミンゴ

カリブ海

るハイチ共和国の大統領に収まった。

　ハイチを訪れたとあるヨーロッパの外交官に「ハンサムだが温かみがなく、礼儀正しい」と評されたクリストフは、イギリスの奴隷制廃止論者であるウィリアム・ウィルバーフォースとトマス・クラークソンやロシア皇帝アレクサンドル1世と交流があった。また、ハイチのエリート層の子どもたちを育てる学校にイギリスやアメリカから教師を招こうと、クラークソンに助言を求めてもいた。一方、社会の序列の下層に位置する人々の生活は、そうした薔薇色の暮らしとはほど遠かった。解放された奴隷のほとんどは元の土地にそのままとどまることを強いられ、でなければ、クリストフ肝入りの事業で出稼ぎ労働者として使われた。

権力の象徴

　そして、クリストフが何よりも熱中していた事業が、要塞のような自身の宮殿の建造だった。サン=スーシ城の建設は1810年に始まったが、翌3月、この計画は王の事業としての色彩を帯びることとなる。独裁色を強めていたクリストフがハイチ国を王国とし、自ら国王アンリ・クリストフ1世と名乗り、妻を女王マリー=ルイーズとしたのだ。戴冠式でイギリス王ジョージ3世に乾杯するほどの親英派であり、威厳のあるものを崇拝していたクリストフは、ヨーロッパ風の貴族階級の構築に乗り出し、王の追従者に爵位を大盤振る舞いし、ハノーバー家とその同族のドレスコードや細かい礼儀作法を導入した。

　サン=スーシ城は、新たに生まれたハイチの貴族や外国から訪れる要人をも

てなす贅沢な舞踏会や晩餐会にふさわしい、堂々たる舞台となるはずだった。そして、外国の訪問者たちから「西インド諸島屈指の壮麗な大建築物」とほめ称えられるはずだった。だが、建設工事は10年に及び、数百人、おそらくは数千人にのぼるハイチの庶民が犠牲となった。彼らは劣悪な、しばしば命の危険を伴う環境で苦役を強いられ、ごくごく些細な罪で銃殺隊に即時処刑される状況に置かれていた。

　立て続けに起きた個人的な悲劇も、独裁者クリストフの力を蝕んだ。落雷が火薬保管庫を直撃した事故で息子が死亡し、それに伴う爆発で王宮の一区画が吹き飛んだ。1820年8月15日には、クリストフ自身が教会で発作を起こし、右半身に麻痺が残った。王直属の兵士やボディガードまでもがハイチ共和国のペションの後継者ジャン゠ピエール・ボワイエに寝返ったと知ったクリストフは、1820年10月8日、銀の弾丸を1発装填した拳銃で自らを撃ち、自死した。

　ハイチはボワイエのもと統一され、サン゠スーシ城は1842年の地震で壊滅寸前の状態となった。にもかかわらず、この城の残骸は行き過ぎた権力の象徴として、そして、ハイチが抜け出そうとしてきた忌まわしい抑圧行為の物言わぬ目撃者として、続く2世紀にわたるトラウマを生き延びたのだ。

左下：左右対称の古典的なファサードとバロック様式の両翼階段が採り入れられた。

下：1813年に完成した壮麗な宮殿は、1842年の地震で修復不可能なほど損壊した。

サン゠スーシ城

ルビャオ・クヌード灯台

RUBJERG KNUDE LIGHTHOUSE

デンマーク

DENMARK

デンマーク北端にあるロンストルップは、
迫りくる潮に土地を削られ続けている。
そのスピードは年間3メートル前後。
海も見えない内陸にあったはずの建物が、
今では打ち寄せる波にさらされている。

1016年にイングランドを征服してノルウェーも支配したデンマーク王クヌート1世について唯一知られている話といえば、おそらく潮汐の逸話だろう。一般に伝えられるバージョンは、王の死から100年後にハンティンドン大助祭のヘンリーが書いた12世紀の年代記『イングランド人の歴史』に最初に記録され、脚色されてきたものだ。以下はその逸話である。

クヌート王はとんでもなく慇懃な追従者から過大なお世辞を浴びせられていた。「絶大な力を持つデンマーク王にできないことなどあるはずがない」と持ち上げられたクヌートは、玉座を海辺に運ばせ、潮位を高めつつある波打ち際の砂の上に置かせる。そこで、地上の権力の限界を追従者たちに教え諭すつもりだったのだ。「足下に打ち寄せるな、脛と長衣の裾を濡らすな」と王がいかに強く海に命じようが、潮位は上昇し続けた。その事実は、王のかたわらに立ち、ほどなく膝まで潮の渦に浸かった追従者たちにもしみわたった。一同はしおらしく宮廷へ戻った。以前よりも湿っぽく、だが賢くなった彼らは、神に愛された頭の切れる君主クヌートに対する敬意をいっそう深めたのだった。

この出来事の現場については諸説あり、サウサンプトンとも、サセックスのボシャム（偶然だが、クヌートの娘はこの地を流れるブルック川で溺れ死んだ）とも、ウエストミンスターのテムズ川河畔とも言われている。

容赦ない浸食

近年、クヌートの生まれ故郷であるデンマークの海岸線は、迫りくる潮の大きな不安にさらされている。ユトランド半島のロンストルップは、デンマークの北端に位置するかつての漁村だ。漂流物が散らばる吹きさらしの白砂の海岸は、ガラス職人、アーティスト、工芸品製作者に原材料を提供し、昨今では、そうした人たちが住民の多くを占めている。

中世には、教区教会のモルップ教会を含め、村の大部分が海岸から2キロ近く内陸に位置していた。住民たちはおもに北海に頼って暮らしていたが、その冷酷無比な海とは安全な距離が保たれていた。しかし、この集落を生み出した海は、数百年かけて沿岸の沖積地を貪欲に我が物にしてきた。その浸食の速さにより、今や毎年3メートル前後の土地が失われている。2016年、波と建物を隔てる崩壊寸前の地面がかろうじて8メートルを残すだけとなり、モルップ教会は、そのまま海に崩れ落ちるのを防ぐために、残っていた部分もついに解体された。

空っぽの建造物

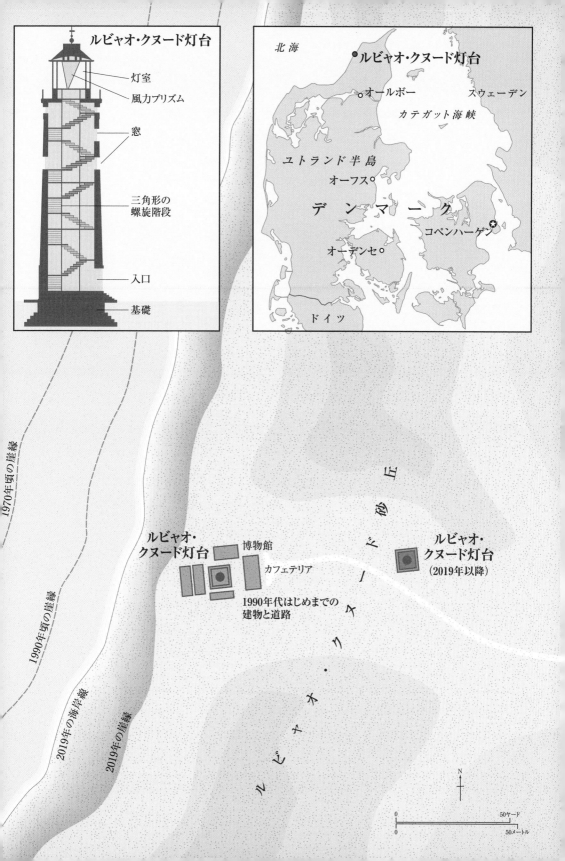

ルビャオ・クヌード灯台

- 灯室
- 風力プリズム
- 窓
- 三角形の螺旋階段
- 入口
- 基礎

北海

ルビャオ・クヌード灯台

オールボー

スウェーデン

カテガット海峡

ユトランド半島

オーフス

デンマーク

コペンハーゲン

オーデンセ

ドイツ

1970年頃の崖縁

1990年頃の崖縁

2019年の海岸縁

2019年の崖縁

砂丘

ルビャオ・クヌード灯台

博物館

カフェテリア

1990年代はじめまでの
建物と道路

ルビャオ・クヌード灯台
（2019年以降）

N

0 　　　　　　　　50ヤード
0 　　　　　　　　50メートル

この村にあるルビャオ・クヌード灯台も、教会と同じ運命をたどるようだ。海抜60メートルのロンストラップ断崖の最高地点、海から200メートル離れたところに建てられた高さ23メートルのこの灯台は、1900年12月から稼働し始め、当初はガス灯器が使われていた。維持と稼働には3人の灯台守を必要とするほど手間がかかり、灯台守たちは基礎部分にある住居スペースに家族とともに住んだ。夜ごとに監視室に詰め、灯器にガスを流して灯火を完璧な状態に保ち、3時間ごとにぜんまいを巻き直す。それだけでなく、夜間に灯室のガラスにぶつかって死んだ鳥たちを毎朝片づけるのも、灯台守の仕事だった。その哀れな生き物たちの数を記録し、総数と種を詳述した年次報告書をコペンハーゲンの動物学博物館に送らなければならなかったからだ。

執行猶予

ルビャオ・クヌード灯台の未来が危ういことは、1950年代にはすでに明らかだった。海が海岸線を浸食し続け、遠く離れていた海岸が近景に忍び込んできただけでなく、風に運ばれてきた海岸の砂が灯台に吹き寄せられて積もり始め、その吹きだまりが次第に大きくなっていたのだ。砂の急流を食い止めるために、ハマムギや砂よけの植物が植えられたが、効果はなかった。砂は吹き込み続け、灯台が海に向けて発する光を遮るほど砂丘が高くなることもしばしばだった。

結局、この問題は克服できず、灯台は閉鎖に追い込まれる。最後の光が消えたのは1968年8月1日のことだ。しばらくの間、空っぽになった灯台は、足下の建物内にできた自然史博物館の展示の目玉となり、当地の砂の漂流と生態学的な窮状の歴史を伝えた。だが、その博物館も、展示で記録することを試みてきたまさにその現象にとどめを刺され、2002年に閉鎖された。建物は砂丘の下に消え、今では灯台の上部を除き、すっかり見えなくなることも多い。そして、その間もずっと、灯台の目の前の断崖は崩落を続け、容赦なく終焉が近づいていた。

その後、断崖の際が灯台までわずか数メートルに迫り、もう5年ももたないと考えられた2019年に、政府の出資する保存計画が始動する。重さ720トンのリュビャオ・クヌード灯台を油圧により基礎から持ち上げ、70メートルほど内陸の新しい場所へ移動させたのだ。この場所なら、あと40年は生き延びられるのではないかと期待されている。

死刑執行は延期されたが、猶予期間を保証できる者はいない。クヌート1世が熟知していたように、潮は人間にはなだめようのない非情な力であり、独自の思惑で動くものなのだ。

右：灯台は70年近く稼働していたが、1968年に灯りが消えた。

サンメッツァーノ城

SAMMEZZANO CASTLE

トスカーナ（イタリア）

TUSCANY, ITALY

「あらゆる者が我々に敵対する。
我々はあらゆる者に抵抗する」
そんな一族のモットーを表すモニュメントとして
建築されたのが、この城だ。
トスカーナ屈指の非凡な建築物である。

　モットーという言葉は、「個人や家族、組織の信念、基本理念、または性質をまとめた短い声明」と定義される。たとえば、アメリカはデトロイトの警察署は「デトロイトをより安全に暮らし、働き、訪問できる場所にする」というモットーのもとに精を出している。イギリスのテムズバレー警察の面々は、賛美歌めいたラテン語の詩句「シト・パクス・イン・バレ・タメシス」（テムズバレーに平和あれ）を心に誓い、公式バッジと紋章に刻んで職務に勤しんでいる。スポーツ界ではサッカーのエバートンFCが同様の古典的趣味を持ち、建前上はどんな試合でも必ず「ニル・サティス・ニシ・オプティムム」（どんなものも、最高でなければ十分ではない）を誓約することになっている。一方、NFLのカロライナ・パンサーズのファンなら、選手たちが最低でも「相手を叩きのめす」ことを期待して試合を見にいくだろう。

　それらの上を行くのが、19世紀フィレンツェの貴族であり、審美家、建築家、蔵書家、植物学者、地質学者、工学者、政治家でもあったフェルディナンド・パンチャティーキ・シメネス・ダラゴナ侯爵（1813〜97年）が採用した一族のモットーである。フェルディナンドは誇らしげにこう宣言した——「トドス・コントラ・ノス。ノス・コントラ・トドス」（あらゆる者が我々に敵対する。

我々はあらゆる者に抵抗する）。そして、フィレンツェから25キロのレッチョにほど近い、1840年前後に相続した領地サンメッツァーノに、そのモットーを表すモニュメントを建設したのだ。彼が50年近くをかけて築き上げたアラベスク風の城は、トスカーナの慣習に公然と歯向かい、上品な礼儀作法や歴史主義の概念を、さらには美的感覚さえもあざ笑うものだった。

エキゾチックな建築

　ローマ時代からサンメッツァーノには要塞があり、中世までは、この地を訪れた神聖ローマ皇帝カール大帝をもてなせるほどの豪華さを誇った。その後、この地所は数々のフィレンツェ貴族の手に受け継がれる。その1つであるメディチ家は、質素とはほど遠い猟場付き狩猟小屋として整備し、利用していた。そして1600年頃、トスカーナ大公フェルディナンド・デ・メディチが、ポルトガル系の裕福な地主一族の子弟セバスティアーノ・シメネス・ダラゴナにこの地所を売却し

右上：サンメッツァーノ城の豪奢なデザインは、東方の建築の影響を受けている。

右下：城のいくつかの部屋では、精緻な化粧漆喰の装飾を今も見ることができる。

空っぽの建造物

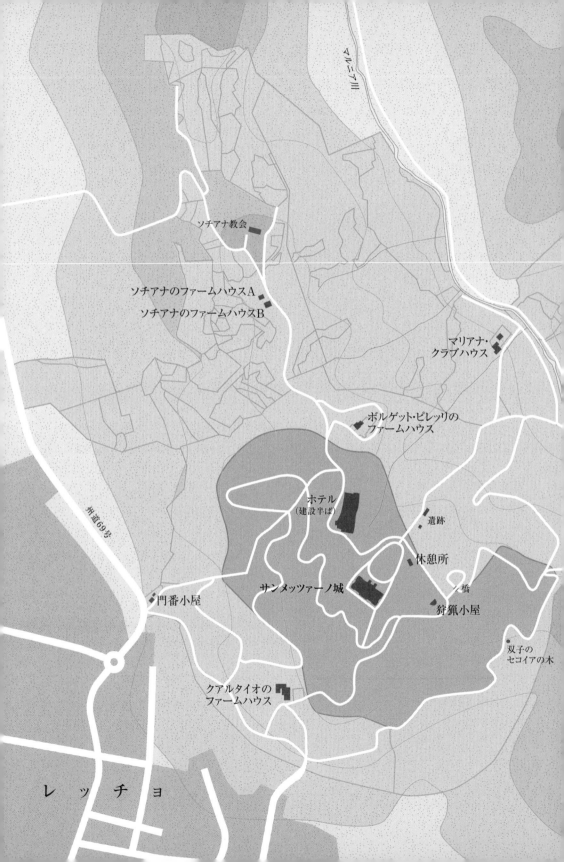

ソチアナ教会

ソチアナのファームハウスA

ソチアナのファームハウスB

マリアナ・
クラブハウス

ボルゲット・ピレッリの
ファームハウス

ホテル
(建設半ば)

遺跡

休憩所

サンメッツァーノ城

ノ橋

門番小屋

狩猟小屋

双子の
セコイアの木

州道69号

クアルタイオの
ファームハウス

レッチョ

マルニア川

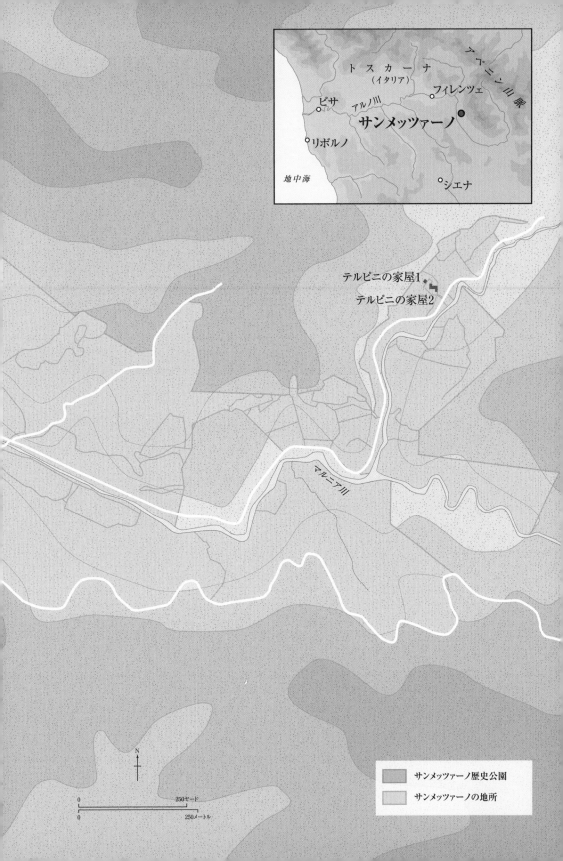

トスカーナ
（イタリア）

アペニン山脈

ピサ

アルノ川

フィレンツェ

サンメッツァーノ

リボルノ

地中海

シエナ

テルピニの家屋1
テルピニの家屋2

マルニア川

N

250ヤード
0

250メートル
0

サンメッツァーノ歴史公園

サンメッツァーノの地所

上：かつて壮麗な装飾が施されていた
部屋の多くは、荒れ果てた状態になっ
ている。

た。"アラゴンのシメネス"の名を持つこの貴族がサンメッツァー
ノに城を建て始め、それがもとになって、のちにフェルディナンド・
パンチャティーキ・シメネスが相続することになる。

「洗練されているが、複雑で落ちつきのない性格」と描写され、芸
術と科学への熱愛に加えて、自らの美的・知的な気まぐれを満たせ
るだけの無尽蔵の資金を持っていたフェルディナンド・パンチャ
ティーキ・シメネス・ダラゴナは、19世紀にありながらルネサンス
的な人物だった。大学には行かなかったが、多様な分野の研究に打
ち込み、園芸、自然科学、工学、建築に関する実践的な知識を身に
つけた。彼の情熱の中心は東方の芸術、建築、庭園にあった。それ
は、のちに彼が手がけた城と187ヘクタールの土地の豪勢な改造が
裏づけている。とある批評家に「ムーア人に触発された建築上の愚
行」とこきおろされたサンメッツァーノ城は、アラブ、ムガール、
オスマンの威光に広く敬意を表したものとなった。タージ・マハル
とグラナダのアルハンブラ宮殿の要素を採り入れていることは一目
瞭然だ。記録を見る限り、フェルディナンドがインドやトルコ、ア
ラビアに行ったことはなかったようだ。むしろ、城の設計と贅を凝
らしたタイル張りの内装は、広大な図書室のために収集していた無
数の書物に記された文章やスケッチ、設計図に基づいていた。

壁に囲まれた庭、プールや噴水のあるフェルディナンドの公園は、
粋で「エキゾチック」な東方精神に満ちた風景というだけでなく、
植物に関する彼の知識を披露する場として、数百種を超える植物が

空っぽの建造物

配されていた。今日に至るまでイタリア最大を誇るセコイアデンドロンの木立もある。祖先となった木々は、カリフォルニアから特別に輸入されたものだ。

閉ざされた古城

　城を改造し終えてからわずか5年後、1897年にフェルディナンドは世を去った。その後、城は1970年代に部屋数365室のホテルに改装される。客はその気になれば1年間、毎晩別のスイートルームに泊まれるというわけだ。残念ながら、そのチャンスを利用しようというパトロンは少なく、すぐに運営維持費が収入を上回るようになった結果、1990年代初頭、ホテルは閉鎖された。

　以来、オークションで少なくとも2度売れた（最近では2017年に1350万ユーロで売れたが、本書執筆時点ではまた市場に出ている）サンメッツァーノ城は、その間の数十年で幸運にも若干の補修工事に恵まれたが、おおむね無人のままになっている。水道や暖房もなく、使えるトイレや安全扉もない。おまけに現在でも私有地であるため、大部分は一般の人が立ち入ることはできない。将来的に誰が購入するにせよ、腐朽を食い止めるためには、相当に深い懐が必要になるだろう。完全によみがえらせるとなればなおさらだ。だが、フェルディナンドのばかばかしく壮大な城、トスカーナ屈指の非凡な建築物が所有者も決まらないまま、落ちぶれた状態で取り残されることになれば、それは1つの悲劇と言えるだろう。

人が消えた場所
UNSETTLED SITUATIONS

ビュンスドルフ

WÜNSDORF

ドイツ

GERMANY

ベルリンの壁が健在で、東西ドイツがまだ分裂していた頃、
ベルリンにほど近い東ドイツの領土に、7万5000人前後の
ソ連の住民が暮らす壁に囲まれた地域があった。
いわばソ連の飛び地のようなもので、東ドイツの住民でも
ここに立ち入るには公式の許可が必要だった。

ドイツのビュンスドルフはかつてソ連域外で最大の赤軍駐留地だった。その地にふさわしく2体のレーニン像があるが、昨今は、どちらもやや寂しそうに見える。ひび割れて苔に覆われた像は、1994年にロシア人が集団退去して以来、ずらりと並んだ崩れかけの建物を守るように立っている。建物の床は、往時には磨き上げられ、4万人あまりの兵士の軍靴が打ち鳴らしていた。集団退去は、ベルリンの壁の崩壊、ドイツの再統一、そしてソ連崩壊を受けてのことだった。

ドイツ軍の拠点

ベルリンの南およそ40キロ、ブランデンブルク州ツォッセン近くに位置するビュンスドルフは、森の町ツォッセンの名の由来となった、芳香を放つ松林の中にある。この地と軍とのつながりは19世紀までさかのぼる。1870年代、統一されたばかりのドイツ帝国軍のプロイセン人将校たちが、射撃訓練に理想的な場所としてこの人里離れた森林に降り立ち、やがてクンマースドルフに射撃練習場ができる。1897年までに、ビュンスドルフにベルリン〜ドレスデン線の鉄道駅ができ、ほどなくして恒久的な兵舎と歩兵学校もつくられた。ドイツ皇帝ウィルヘルム2世による陸海軍の大幅な拡充を経て、第一次世界大戦が勃発

したときには、すでにビュンスドルフはヨーロッパ最大規模の軍事基地になっていた。

1914年末、連合国の戦争捕虜（大半がインド人、ロシア人、ジョージアのタタール人、フランス領アルジェリアのアフリカ人、イギリス系アイルランド人の兵士）がビュンスドルフに収容され始める。捕虜の数は増え続け、西部戦線から送られてきたインド人やイスラム系の捕虜のために個別の収容所を設けるまでになる。イスラム系捕虜のためにモスクが建てられ、収容所新聞『エル・ジハード』（『ヒンドゥスタン』という紙名でウルドゥー語とヒンディー語でも発行された）を介して捕虜相手の反英プロパガンダが行われていた。終戦後、捕虜たちは解放され、ドイツの軍事力はベルサイユ条約のもとで大幅に縮小される。陸軍兵力は上限10万人となり、空軍と徴兵制は廃止され、戦車の維持が禁じられたことで、ビュンスドルフの基地は無用の長物と化した。

だが、ビュンスドルフの星はナチスのもとで再び輝くことになる。1935年、ヒトラーがドイツ空

右上：旧ソ連軍の兵舎の空中写真。前景にレーニン像が見える。

右下：かつて7万5000人が暮らしていた建物群も今では空っぽになり、壁のペンキも剥げかけている。

人が消えた場所

軍の創設を正式に認め、ベルサイユ条約の取り決めを真っ向から破ると、同じ年に、ビュンスドルフは血気盛んな新生ドイツ国防軍の最高司令部となる。第二次世界大戦へと突き進むナチスは、爆撃に耐えられる軍最高司令部の地下防空壕やトンネルの複雑なネットワークに加え、重要な通信を担う通信基地（ツェッペリンと呼ばれた）をこの地に築いた。地下施設への出入口は、地上に築かれたコンクリートづくりの偽の田舎家が隠していた。

禁じられた町

　1945年4月にビュンスドルフの基地をナチスの支配から解放したソ連赤軍は、ドイツの分割占領後、永遠にこの地に落ち着くつもりだった。ソ連支配下の東ドイツに位置するビュンスドルフは完全にソ連の飛び地と化し、東ドイツは1949年以降、社会主義のドイツ民主共和国となる。「ディ・フェアボーテネ・シュタット（禁じられた町）」と呼ばれたこの基地に東ドイツ市民が入るには、公式の許可が必要となった。17キロに及ぶコンクリートの外壁の内側には、7万5000人前後のソ連の住民（軍人が中心だが、科学者、医師、官僚、技術者、仕出し業者とその家族や子どもたちもいた）が暮らし、彼らが利用できる劇場、博物館、映画館、学校、病院、体育館、オリンピックサイズのスイミングプール、祖国のあらゆるものを売る店もあった。

　ミニチュア版モスクワとして機能していたビュンスドルフのおもな役割は、ソ連

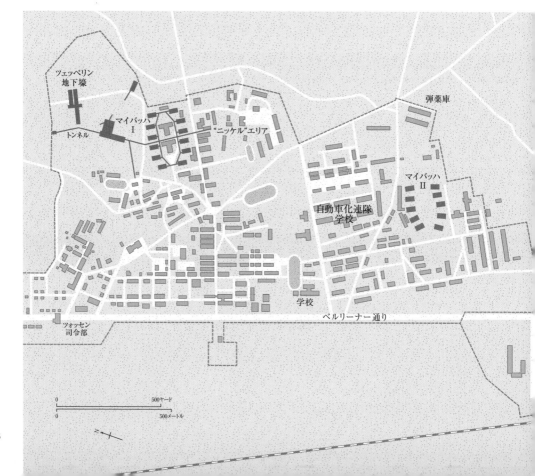

人が消えた場所

の軍事力をもって、東ドイツが西との国境を守るのを支援することにあった。1960年代以降、その国境の最も強烈な象徴となったのがベルリンの壁だ。しかし、当然のことながら、ビュンスドルフも1989年の一連の出来事からは逃れられなかった。壁の崩壊から5年と経たないうちに、ロシア人たちは大慌てで去り、ビュンスドルフは大半の地元民が「なくなってほしい」と考える過去の遺物となる。再統一後のドイツにはほかに優先すべき支出先が山ほどあったため、ビュンスドルフ複合体はそのまま捨て置かれた。続く数十年で、人間と自然の両方がここで狼藉の限りを尽くすことになる。

　現在、ビュンスドルフの腐朽は進行してはいるものの、若干食い止められた状態だ。重要な構造物のいくつかはさらなる損傷を防ぐために封鎖されているが、実際の住居として再利用されている建物もある。ビュンスドルフは過去の暗い出来事から脱却するべく、ヘイ=オン=ワイ（イギリスの古書店街）の流れを汲む本の町（ビュッヒャーシュタットとブンカーシュタット・ビュンスドルフ）として装いを改め、ブックフェアを主催したり、文学関連のイベントや展示会を開催している。だが、崩壊した冷戦時代の施設の名残や、気ままな共産党員のトラクター運転手を描いた剥げかけの社会主義リアリズムの壁画は、分断されたドイツをしのばせる遺産とも言える。そのおかげでビュンスドルフは、身をもって歴史を肌で感じたい軍事マニアや都市探検家のメッカであり続けている。

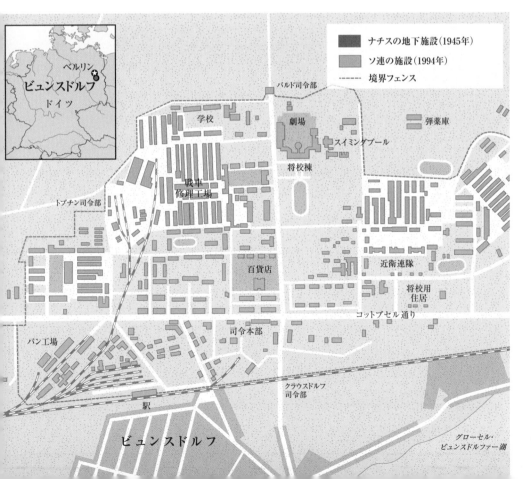

ナチスの地下施設（1945年）
ソ連の施設（1994年）
境界フェンス

バルド司令部
学校
劇場
弾薬庫
スイミングプール
将校棟
戦車修理工場
トプチン司令部
近衛連隊
百貨店
将校用住居
コットブセル通り
パン工場
司令本部
クラウスドルフ司令部
駅
ビュンスドルフ
グローセル・ビュンスドルファー湖

ベルリン
ビュンスドルフ
ドイツ

アル゠ウラー

OLD AL-ULA

サウジアラビア

SAUDI ARABIA

サウジアラビア当局は、ここアル゠ウラーに
ポンペイやペトラといった史跡に匹敵する
観光地としての資質があると期待を寄せている。
インフラが機能しなくなり、人が去った旧市街では、
泥壁の小屋や建築物を探索できる。

メディナの北西400キロ、赤い砂岩が散らばる砂漠の谷に位置し、荘厳たる砂岩の山を頂く古代都市アル゠ウラーは、デダンまたはリフヤーンの名でも知られている。新石器時代に人類が最初に定住して以来、驚くほど多くの文明が次々に根城にしてきたこのあたりは、かつては農耕を支える肥沃な土壌と豊富な湧き水に恵まれていた。後世の人々と同じように、初期の定住者たちもその地に足跡を残し、石の墓を建てたり、洞窟の壁にアイベックスの姿を彫ったりしていた。

だが、椰子の木が生い茂るアル゠ウラーに繁栄をもたらしたのは、隊商路上のオアシスという立地だった。この隊商路は乳香や没薬などの香料の主要な交易ルートで、シャブワからガザ、ボスラ、ダマスカスまで曲がりくねりながら進み、アラビア半島とシリア、エジプト、メソポタミアを結んでいた。ここ数世紀の石油ビジネスに劣らず実入りのよい商売だった香料貿易のおかげで、紀元前6世紀頃にデダン王国の首都にまで発展したアル゠ウラーは、旧約聖書のイザヤ書にも言及されている。

リフヤーンからナバテアへ

そのデダンを征服もしくは吸収したのが、アカバ湾とシナイ半島から北はレバントまで広がる王国を築いたリフヤーンだ。この地域におけるリフヤーンの影響力はローマの歴史家、大プリニウスも認めており、アカバ湾をリフヤーン湾と呼んでいたほどだ。だが、ナツメヤシなどの作物の耕作を支える水道と地下貯水槽のシステムを拡張し、神殿、霊廟、浴場などの公共建築物を築いたのは、デダンの技師や建築家だった。建築物の多くは彫像（中でも多いのが王、ライオン、ライオンのような姿をした王の像）で飾られ、神々に敬意を表したり、善行や壮大な冒険を伝えたり、少し世俗的なところでは税に関する愚痴をこぼしている図像や文言も添えられていた。

紀元前1世紀頃に、リフヤーン人はナバテア人に征服されたと見られている。もともとはヨルダン地域の遊牧民族だったナバテア人は、徐々に隊商路に食い込み、抜け目ない商人、農民、職人としての才能を発揮する。ナバテア人が築いた不朽の建造物が、首都ペトラの壮大な要塞都市だ（その遺跡はのちに「時の半分の歴史を持つ薔薇色の都市」と称されるようになる）。

にもかかわらず、ナバテア人はデダンのすぐ北に新たな都市アル゠ヒジュル、別名ヘグラ（マダイン・サーレハ）を開くことを選んだ。この都市から、周辺を通過する香料の流れをコントロールし、名の知れた首都に劣らず見事なネクロポ

人が消えた場所

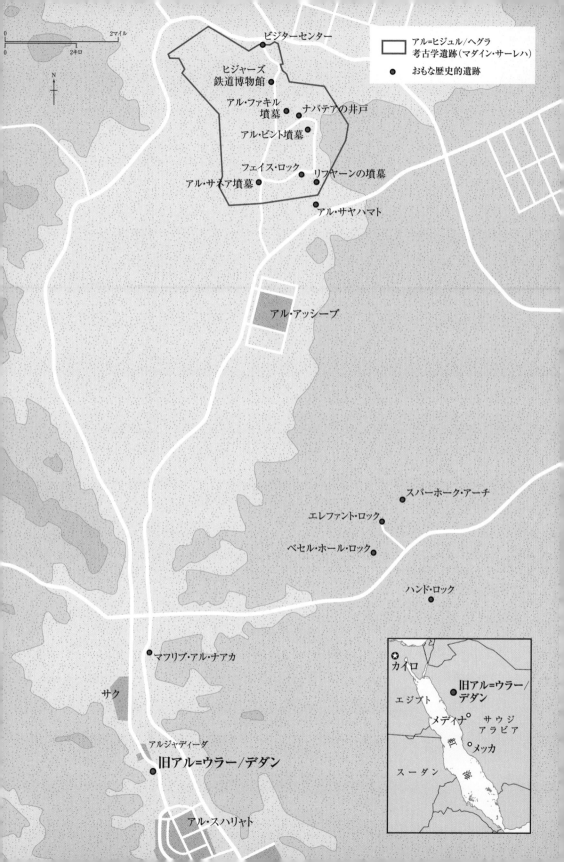

2マイル
2キロ

N

ビジターセンター

アル=ヒジュル／ヘグラ
考古学遺跡（マダイン・サーレハ）

おもな歴史的遺跡

ヒジャーズ
鉄道博物館

アル・ファキル
墳墓　　　ナバテアの井戸

アル・ビント墳墓

フェイス・ロック

アル・サネア墳墓　　　リフヤーンの墳墓

アル・サヤハマト

アル・アッシーブ

スパーホーク・アーチ

エレファント・ロック

ベセル・ホール・ロック

ハンド・ロック

マフリブ・アル・ナアカ

サク

アルジャディーダ

旧アル=ウラー／デダン

アル・スハリヤト

カイロ

エジプト

スーダン

旧アル=ウラー／
デダン

メディナ

サウジ
アラビア

メッカ

リスを築いた。しかし、当時の多くの民族と同じく、ナバテア人も
ローマ人の登場によって表舞台から消えることになる。西暦106年
頃にローマ人がヘグラに築いた砦の名残は、いくつかのラテン語の
落書きとともに、アラビアのこの地域にローマ人がいたことを証明
するものだ。

　7世紀にイスラム教が登場し、イスラム帝国が台頭すると、デダ
ン／アル＝ウラーは南の聖都メディナへ向かう巡礼路上の駅となる。
キリスト教徒が行けるのはここまでで、それ以上進むことは許され
なかった。14世紀のイスラム教徒の探検家で作家のイブン・バッ
トゥータは、巡礼キャラバンがこの地で4日間休憩してから聖なる
旅路の次の行程に踏み出す様子を伝えている。それと同じ時期に、
壁に囲まれた町の基礎が敷かれた。日干し煉瓦と赤い砂岩の住宅
や日陰の細い路地からなるその基本的なパターンは、ほぼそのまま
今日まで残っている。

歴史書のような町

　かのT・E・ロレンス（アラビアのロレンス）が崇敬した本『ア
ラビア砂漠紀行』の著者であり、1876年にアル＝ウラーにたどり着
いたイギリスの詩人・冒険家チャールズ・ダウティは、家々の梁に
地元の木材が使われていることや、砂漠の水場で育つ椰子の木か
ら戸が切り出されていることに目を留めた。また、近隣にある旧時
代の大規模な廃墟から略奪してきた古い石などの建材が再利用さ

下：アル＝ウラーの古代都市では、パッ
チワークのように広がる古い泥壁の小
屋や建築物を探索できる。

れ、当時の新しい建築物に組み込まれていることにも気がついた。この町は全体が1冊の歴史書のようなものだったのだ。中世以降、日干し煉瓦の建築と街路が幾度となくつなぎ合わされ、曲がりくねった小路の1つ1つが、それよりも古いアル＝ウラーの姿を垣間見せる。

　だが、大雨が下層にある貯水槽にダメージを与え、インフラが影響を受けると、生活条件は厳しくなり、現代の基準なら不衛生と言えるような状態に陥った。その結果、最終的に真新しい町が旧市街の横に開かれることになる。旧アル＝ウラーの最後の住人は1983年に町を離れ、その2年後にアル＝ウラーの歴史あるモスクで最後の祈りが唱えられた。

　その後30年以上にわたって、うやうやしい沈黙がこの地を支配した。世を去った大切な旧友や親類の墓を訪ねるように、時折かつての住人が様子を見に立ち寄ることはあったかもしれない。とはいえ、それ以外の者が町を囲む壁の内側に入ろうとしたら、たいていは砂漠の日差しの中、放棄されたままの路地をさまよう羽目となっただろう。

　しかし2018年、この谷の全域で一連の考古学的発掘調査が新たに始まった。調査の狙いは、由緒ある土地の秘密を解き明かすと同時に、この一帯を外の世界に開くことにある。アル＝ウラーの遺跡には、ポンペイやペトラなどの史跡に匹敵する観光地としての素質があると、サウジアラビア当局は考えている。

マンドゥ

MANDU

マディヤ・プラデシュ州（インド）

MADHYA PRADESH, INDIA

何世紀にもわたって、インド中央部で栄えたマンドゥ。
その起源は靄に包まれているが、
この地が豊かな歴史に彩られていることは分かっている。
ここを治めた王やスルタンは、自らの爪痕を残したいと、
こぞって宮殿や塔を建築した。

　地理的にはインドの中心、歴史的にはガンジス川流域の平野と西海岸を結ぶ交易路に位置するマールワー地方には、ベンガル湾とアラビア海の両方へ流れる川がある。この地方はかつては好戦的な独立国だったが、1950年代のインド独立後にマディヤ・プラデシュ州に組み込まれることになった。だが、何世紀にもわたってこの地の首都は、丘の中腹に不規則に広がる都市マンドゥだ。ビンディア山脈の端に位置し、壁で守られたこの大都市は、その強大な防衛力のみならず、豪華さと陽気さでも名を馳せ、イスラム系の住民からシャディアバード（「喜びの要塞」の意）の名を与えられていた。

ヒンドゥーの王国

　マンドゥの正確な起源は、モンスーンの豪雨に劣らぬ濃い靄に包まれている。神秘と伝説がしみわたった場所柄を考えれば当然のことだ。ただ、台地と蛇行するナルマダ川を見わたすマンドゥの丘の城砦については、はるか昔の紀元前6世紀に記録が見られる。

　マンドゥの戦略上の重要性が増したきっかけは、ヒンドゥー系のパラマーラ朝の登場だった。10世紀にインド中西部のマールワー周辺地域を支配するようになったパラマーラ朝は、ウジャインに首都を築いたが、のちにマンドゥから北にわずか35キロのダールに遷都。11世紀以降、マンドゥで集落が急速に発展し始める。集落の当初の中心だったブッディ・ムンドゥ（「古いムンドゥ」の意）という石造りの砦の廃墟は、大昔の神殿や塁壁の遺跡とともに、台地の西端にあたる鬱蒼とした森林に今も横たわっている。

　マンドゥで出土した最古級の遺物が、サラスワティの偶像だ。サラスワティは学問と芸術を司るヒンドゥー教の女神で、パラマーラ朝のボージャ王が好んだ神でもある。しかし、のちの時代の建築物の多くは、かつてのヒンドゥー寺院の石造構造を再利用してつくられることになる。マリク・ムギスのモスクはその典型例だ。一方、「王の区域」と呼ばれる領域にあるムンジ・タラオ貯水池は、やはりパラマーラ朝の王であるムンジャの名を冠している。

　だが、そのヒンドゥー王国は滅びる運命にあった。1305年、デリー＝スルタン朝のアラー・ウッディーン・ハルジーの軍を率いる司令官アイン・アル＝ムルク・ムルタニが、パラマーラ朝最後の王マハラカデバと宰相ゴーガ・デブの軍勢を打ち破る。この敗北のあと、デリー＝スルタン朝の領土となったマンドゥには、スルタンの代わりにこの地を治めるイスラム教徒の総督が置かれた。

人が消えた場所

上：ジャハズ・マハル（船の宮殿）は、15世紀後半にギヤース・シャーにより建てられた。

　1世紀後、アフガニスタンのディラーワル・ハーン・ゴーリーが、スルタンのムハンマド・ビン・トゥグルクによりマールワーの総督に任命される。常軌を逸したところのあるムハンマドの後継者たちは、内側から崩壊しかけた帝国を引き継がされたうえに、北からもモンゴルの軍勢の襲撃にさらされていた。そんな中、ゴーリーは主導権を奪ってマールワーの独立を宣言し、自ら玉座につく。1404年のゴーリーの死後、君主の座を継いだ息子のアルプ・ハーンは、フーシャング・シャーの称号を名乗り、続く27年にわたってこの地を支配しただけでなく、都をダールからマンドゥへ移し、野心的な建設計画に着手する。そのまた息子が完成させることになるフーシャング・シャーの墓廟はインド最古の大理石建築物とされ、タージ・マハルに影響を与えたと言われる。一方、フーシャング・シャーの

マンドゥ

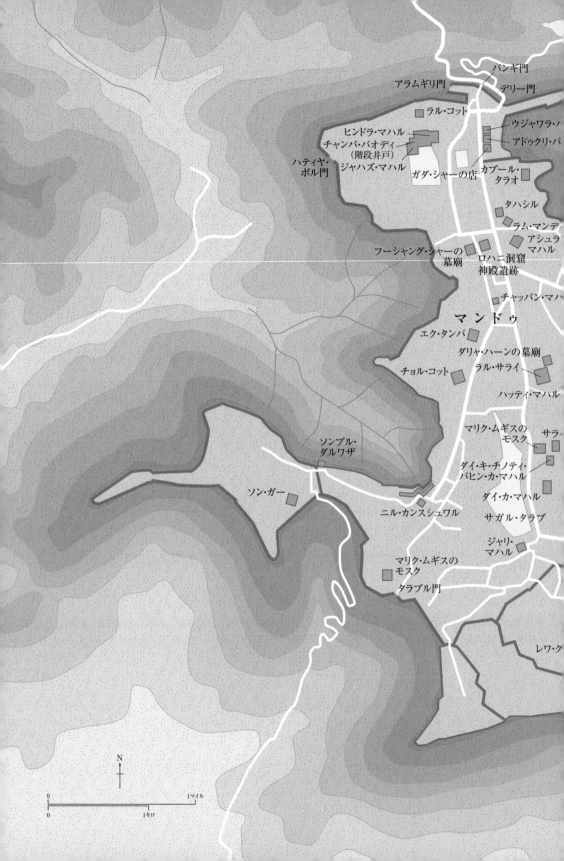

バンギ門
アラムギリ門
デリー門
ラル・コット
ウジャワラ・ノ
ヒンドラ・マハル
アドゥクリ・バ
チャンパ・バオディ
（階段井戸）
ハティヤ・
ポル門
ジャハズ・マハル
ガダ・シャーの店
カプール・
タラオ
タハシル
ラム・マンデ
アシュラ
マハル
フーシャング・シャーの
墓廟
ロハニ洞窟
神殿遺跡
チャッパン・マ
マンドゥ
エク・タンバ
ダリャ・ハーンの墓廟
チョル・コット
ラル・サライ
ハッティ・マハル
マリク・ムギスの
モスク
サラ
ソンプル・
ダルワザ
ダイ・キ・チノティ・
バヒン・カ・マハル
ソン・ガー
ダイ・カ・マハル
ニル・カンスシュワル
サガル・タラブ
ジャリ・
マハル
マリク・ムギスの
モスク
タラプル門
レワ・ク

N

0　　　　　　　　　　　　　　1マイル
0　　　　　　　　　　　　　　1キロ

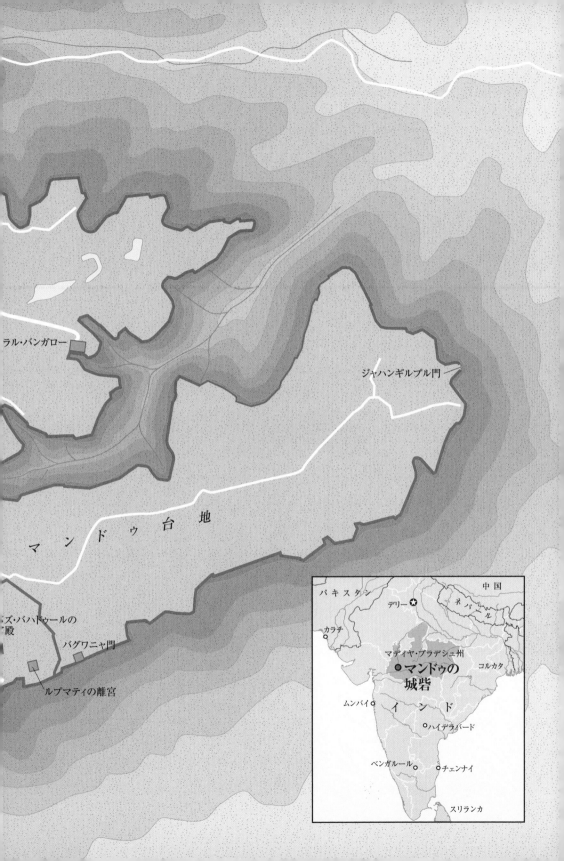

ラル・バンガロー

ジャハンギルプル門

マンドゥ台地

ズ・バハドゥールの
殿

バグワニャ門

ルプマティの離宮

パキスタン　　　　　　　　　　中国

デリー ★　　　　　ネパール

カラチ

マディヤ・プラデシュ州　　コルカタ

マンドゥの
城砦

ムンバイ　イ　ン　ド

ハイデラバード

ベンガルール　　チェンナイ

スリランカ

命令で建造が始まったジャミ・マスジッドは、完成に3世代を費やすことになった。地面より一段高いプリンス（柱礎）の上に立つピンク色の砂岩でできたこの巨大な建造物は、ダマスカスのウマイヤド・モスクをモデルにしたと見られている。

　その後のマールワーのスルタンたちも同様に、マンドゥの都市の風景に爪痕を残したいという衝動にとらわれた。1436年にマフムード・シャーに代わって君主となったマフムード・ハルジーは、近隣のヒンドゥー系王国メワールのラーナー（君主）との戦いに勝利したことを記念して、7階建ての塔を建立する。信憑性は低いが、マフムード・ハルジーの治世をめぐる複数の記述によれば、このスルタンは肥満と見なした妃をことごとく塔の最上階まで上らせたという。無数の階段を上る運動の罰を与えれば、体重が減ってダイエットになると信じていたからだ。この逸話に何がしかの真実があると

すれば、それはおそらく、この男根崇拝的な塔のほとんどがのちに崩壊し、今見ることができるのは基礎の部分だけという、いかにもその悪行にふさわしい報いを受けたことだろう。

1469年、マフムード・ハルジーの長男ギヤース・シャーは、君主の座とともに、女性と建造物に対する情熱も父から受け継いだ。若干いかがわしい気配はあったが、その長く安定した治世の間に、ギヤース・シャーは豪勢なジャハズ・マハル（船の宮殿）を建造した。ドーム型の屋根を頂く小塔とテラスを備え、魅惑的な噴水と美しい池を散りばめたこの宮殿は、スルタンの後宮にいる大勢の女性たちを住まわせるためのものだった。

悲劇的な伝説

最もロマンチックで悲劇的なマンドゥの伝説は、独立国最後の君主バズ・バハドゥールの運命をめぐるものだ。バハドゥールの宮殿は、神聖な貯水池レワ・クンドを見下ろす丘に立っている。貯水池の水源は、病を癒やすというナルマダ川だ。バハドゥールは愛する妃ルプマティのためにこの貯水池を拡張し、渓谷の壮大な眺めを楽しむために堂々たる離宮を建てさせる。素朴だが美しい羊飼いの娘ルプマティは歌声でバハドゥールの心をつかみ、2人は豪勢な宮殿に引きこもっては、音楽と詩にうつつを抜かしていた。

だが、ルプマティの美しさと、かつて難攻不落で知られた要塞をおろそかにしているスルタンの噂を聞き及んだムガル帝国の君主アクバルが、その両方を手に入れるべくマンドゥに軍を送り込む。バハドゥールは逃亡を余儀なくされ、宮殿の窓から下ろしたロープを伝って、どうにか安全な場所へ逃げおおせたという。あとに残されたルプマティは、アクバルやその手先からおぞましい侮辱を受けるよりはと、毒を飲んで自ら命を絶つことを選んだ。

マンドゥに感嘆したムガル人は、緑が最も豊かになり、空気がマンゴーやタマリンドの芳香で満たされる雨季の間、風光明媚な静養地として利用していたようだ。しかし、マンドゥが往時の繁栄を取り戻すことはなく、やがてダールがマールワーの政治と文化の中心地としての地位を奪回することになる。東インド会社に属するイギリスの商人ウィリアム・フィンチがムガル皇帝ジャハンギールの治世にインドを訪れた17世紀初頭には、マンドゥはほとんど廃墟と化していた。その頃までにおおむね放棄されていたとはいえ、フィンチの観察によれば、かつては郊外の集落が主壁の外130キロほどのところまで広がっていたという。

そもそも、廃墟はもの悲しい魅力を放つのが常だが、遊び心に満ちたかつてのマンドゥの精神の何がしかは、今も消えずに残っている。神と栄光、そして好色な君主一族の欲望のために築かれたマンドゥの建造物は、崩れかけの状態にあってもなお、周囲の壮大な自然のただ中で活力のようなものをにじませている。

下：マンドゥにあるもう1つの宮殿、アシュラフィ・マハルの遺跡。

クラーコ

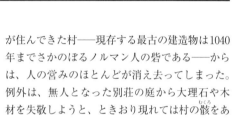

CRACO

バジリカータ州（イタリア）

BASILICATA, ITALY

映画の撮影地としてよく使われるクラーコは
イタリア南部、長靴の土踏まずのあたりにある。
少なくとも1000年以上の歴史を持ち、
優美で広々とした広場を楽しむ人々の姿があった。
度重なる悲劇に見舞われるまでは。

　海抜300メートルを超える丘の頂上、岩がちのローム質の土壌に築かれたクラーコの村は、その誕生以来、常に聖書に出てくるような災難に見舞われ続けてきた。クラーコに残る無人の細い路地が、キリストの受難を描いた映画『パッション』の舞台となったのは、この村にふさわしい運命と言えるかもしれない。

　大部分が中世につくられたクラーコの家々は、不作、飢饉、洪水、地震、地滑り、集団離村に苦しめられ、1656年には疫病で何百人もが命を落とした。それからほぼ300年後の1963年にひときわ激しい地滑りが村を襲うと、最後まで残っていたおよそ1800人の住人も、10分ほど離れた近くの谷間に移住先としてつくられた新村クラーコ・ペスキエーラに移り始めた。1970年代後半には、旧クラーコの路地は完全な静寂に包まれるようになった。数年前までなら、大工や靴職人が戸外で陽光を浴びながら叩く金づちの音と、公共の水源から水を運ぶ女性たちの声が織りなす不協和音が、この路地に響いていたはずだ。

　少なくとも8世紀から、おそらくはそれ以前の鉄の時代にギリシャ人が入植してからずっと人が住んできた村——現存する最古の建造物は1040年までさかのぼるノルマン人の砦である——からは、人の営みのほとんどが消え去ってしまった。例外は、無人となった別荘の庭から大理石や木材を失敬しようと、ときおり現れては村の骸をあさる廃品回収者くらいだ。

豊かな集落

　イタリア南部、長靴の土踏まずにあたるタラント湾から内陸へ40キロほどに位置するクラーコは、南にアグリ川、北にカボーネ川の渓谷を従えた戦略上重要な立地のおかげで、中世に最初の繁栄を謳歌する。12世紀と13世紀には、アグリ川のこのあたりはまだ航行可能だった。

　封建時代にあたるこの時期に、近隣の畑で収穫される豊富な小麦と高台の立地に助けられ、クラーコは農家を兼ねる軍人たちの豊かな集落として発展する。崖の頂上に屹立し、今も風景を支配している見晴らしのいい砦は、遠くの沿岸や内陸から攻めてくるかもしれない敵を見張るには絶好の場所だった。守護聖人であるバーリの聖ニコラウスに捧げられた教会をはじめ、さまざ

右：亡霊のように丘の上にたたずむクラーコの村は、地震と地滑りによって居住不可能になり、放棄された。

人が消えた場所

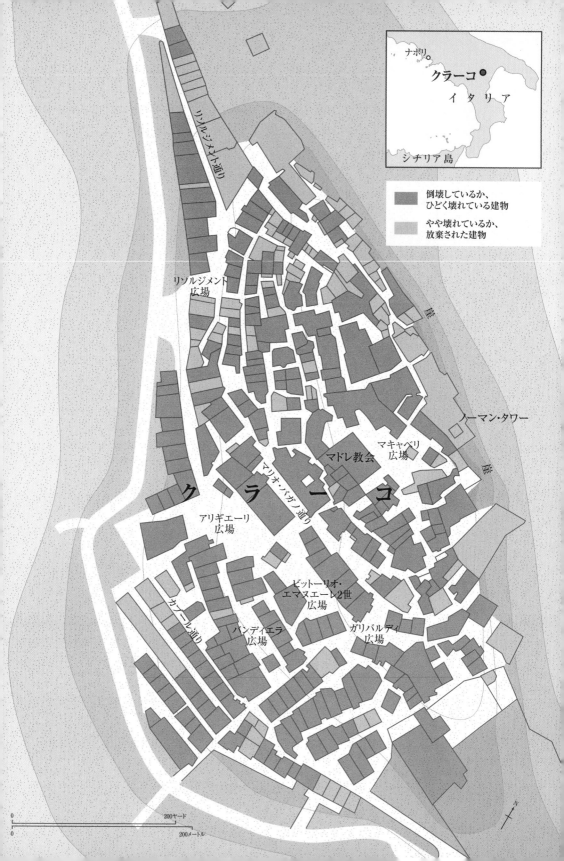

ナポリ。

クラーゴ

イタリア

シチリア島

倒壊しているか、
ひどく壊れている建物

やや壊れているか、
放棄された建物

リソルジメント通り

リソルジメント
広場

ノーマン・タワー

マキャベリ
広場

マドレ教会

ク ラ ー ゴ

マリオ・パガノ通り

アリギエーリ
広場

ビットーリオ・
エマヌエーレ2世
広場

カブール通り

バンディエラ
広場

ガリバルディ
広場

N

0   200ヤード

0   200メートル

まな宗教・商業・教育施設を擁するクラーコは、富と人口を増やし続け、16世紀には優美で広々とした4つの広場がつくられた。

だが19世紀末までに、クラーコの農民たちは土地を放棄することを余儀なくされる。収穫が次第に先細り、作物の種をまくのにも家畜が草を食むのにも使えない、ほとんど無価値な土地になってしまったからだ。飢餓に直面した家族は、一家揃って移住することを選んだ。ほとんどはアメリカを目指したが、ブラジルやアルゼンチンに移った家族もある。こうして、クラーコの人口は1921年までに1040人あまりにまで激減した。唯一、第二次世界大戦に先立つ時期に出された移民制限だけがこの集団離村を食い止めたものの、1933年の大規模な地滑りは、クラーコに残された時間がすでに尽きかけていることを伝える警報だったのかもしれない。

映画界からの注日

戦後になると、故郷の魅力に後ろ髪を引かれつつも、若く有能な人々がより給料の高い職を求めて北の産業都市へ向かうことになる。一方、クラーコにとどまる選択をした人々の足下では、地面の不安定さが認識されるようになった。危険を告げる出来事が不安をかきたてる頻度で発生し、いずれ村からの退避を迫られることが不可避となった。

にもかかわらず、崩れかけた岩が生み出すこの場所の美しさは、外の世界の知るところとなる。最初に広まったのは1979年、映画監督フランチェスコ・ロージがクラーコやその周辺で『エボリ』を撮影したときのことだ。この映画は、1930年代に同地で流刑生活を送った反ファシズム主義の芸術家カルロ・レーヴィの回想録に基づくもので、高い評価を受けた。

映画によって認知度が高まったにもかかわらず、クラーコの古い建物の劣化を食い止めるための試みは、数十年の間ほとんど行われなかった。おそらく当時は、新村クラーコ・ペスキエーラの暮らしを守ることが何よりも差し迫った関心事だったのだろう。クラーコはいつしか、かつての繁栄をよそに国家が脇へ押しのけた村々の、崩れゆく象徴になった。

それでも映画業界の継続的な関心は、村でも特に重要な建築物を保護・保存、さらには修復する新たな取り組みにつながっている。とりわけ、ジェームズ・ボンド・シリーズ『007／慰めの報酬』（2008年）の一連の場面がここで撮影されると、その傾向はいっそう顕著になった。地質学的には居住地として復活させるにはあまりにも不安定で、さらなる地震や地滑りの危険に今もさらされているが、舞台セットとしては大画面に幾度となく登場している。そうした「出演」が続くおかげで、クラーコはようやく、歴史的関心や文化的活動の現場としての「第2の人生」を謳歌しているのだ。

グレンゲスベリ

GRÄNGESBERG

スウェーデン

SWEDEN

もともと鉄の産地として知られた地域だが、
中でも埋蔵量の多い鉄鉱床が見つかったことで、
グレンゲスベリは活気を帯びた。
19世紀後半には、港との間を結ぶ鉄道も敷設され、
ドイツへの鉄鉱石の輸出でも賑わった。

工業の中核地が美しい場所になることはめったにない。たいていの場合、その手の場所に備わる美しさは、畏怖の念をかき立てる力や、ロマン主義者の唱える「高尚」の概念に煽られた過剰な崇敬やほどほどの恐怖の中に存在する。だが、スウェーデン中南部にあるベリスラーゲン地方の大部分は、かつてヨーロッパの鉄の4分の1を生産していた重工業の揺りかごにしては、あっけにとられるほど魅力的で、青々とした森が風景を支配し、すこぶるチャーミングな塗装の木造建築にあふれている。このあたりは、アルフレッド・ノーベルの重厚なダイナマイト工場があった場所でもある。

発展する鉱山町

ベリスラーゲン地方の岩石層は卑金属と鉄鉱石が豊富で、最初の採掘は中世後期に始まった。森そのものも、鉄鉱石を精錬して鉄を抽出するのに使う木炭を供給するために、大規模に育てられたものだ。中でも埋蔵量の多い鉄鉱床が見つかった場所が、ストックホルムの北西およそ200キロに位置するグレンゲスベリだ。何世紀にもわたって、この地から金属製品が南へ送られ、牛と物々交換されていた。

鉱山の操業が大幅に拡張されたのは19世紀後半のことだ。この頃、鉄鉱石を世界中へ、とりわけドイツへ輸出するための新港がバルト海沿岸のオクセレスンドにでき、グレンゲスベリをはじめとするベリスラーゲンの鉱山町と港を結ぶ鉄道も敷設された。その開発資金を出していたのが、ドイツ生まれのイギリス人銀行家アーネスト・カッセルである。

カッセルはその商才のおかげで莫大な富を築いただけでなく、イギリス皇太子（のちのエドワード7世）の関心と信頼を勝ち取り、枢密院の一員に任命された。ちなみに、カッセルの孫娘はのちにイギリス貴族ルイス・マウントバッテンと結婚するが、最後のインド総督であったマウントバッテンは、偶然にもスウェーデンのルイーズ王妃の弟でもあった。

アスワンダムの建設に融資し、のちにエジプト国民銀行を創設したカッセルは、おもにエジプトで金を稼いでいたが、その手広い金儲けの関心は、南北アメリカや西アフリカ、そしてスウェーデンの鉱山と鉄道にも広がっていた。そして、スウェーデンの鉱山と鉄道関係の持ち株をすべて売却し、「スウェーデン鉱業史上屈指の大取引」と呼ばれた取引で7000万スウェーデン・クローナという大金を稼ぐ。その少し前の1896年には、グレンゲスベリの鉱山労働者のための基金に25

人が消えた場所

上：1890年のグレンゲスベリにおける　　下：グレンゲスベリの鉱山労働者たち
採掘の様子。鉱山は100年後に閉鎖　　　（1900年）。
されることになる。

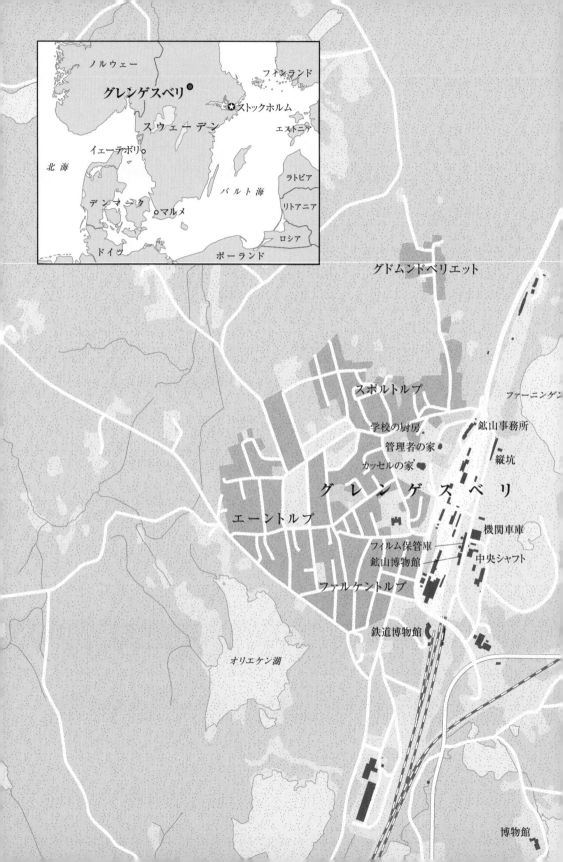

ノルウェー

グレンゲスベリ

フィンランド

ストックホルム

スウェーデン

エストニア

イェーテボリ

北海

ラトビア

バルト海

リトアニア

デンマーク

マルメ

ロシア

ドイツ

ポーランド

グドムンドベリエット

スポルトルプ

ファーニンゲン

学校の厨房

鉱山事務所

管理者の家

縦坑

カッセルの家

グ レ ン ゲ ス ベ リ

エーントルプ

機関車庫

フィルム保管庫

鉱山博物館

中央シャフト

ファルケントルプ

鉄道博物館

オリエケン湖

博物館

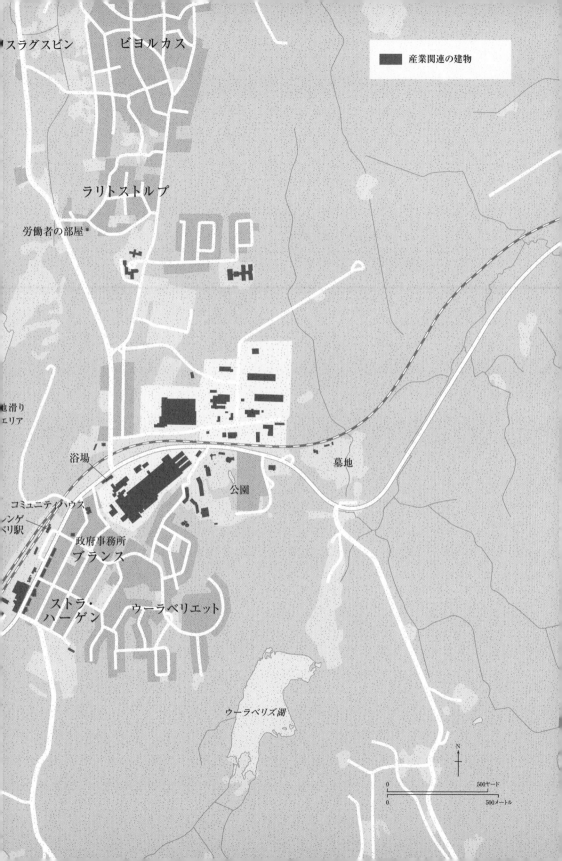

スラグスビン　　ビヨルカス

産業関連の建物

ラリトストルプ

労働者の部屋

地滑り
エリア

浴場

コミュニティハウス

ンゲ
ベリ駅

政府事務所
ブランス

ストラ・
ハーゲン　　ウーラベリエット

墓地

公園

ウーラベリズ湖

N

0　　　　　　　　500ヤード

0　　　　　　　　500メートル

万スウェーデン・クローナを寄付している。この寄付金の大部分は、コミュニティの調理場や浴場、洗濯場のほか、立派なコンサートホール兼劇場、図書館、芸術センターの建設に注ぎ込まれた。建物群はストックホルムを拠点とする建築家アウグスト・リンドグレーンが設計し、スポーツ施設を備えた公園内につくられた。カッセルの名を冠したグレンゲスベリのコンサートホールは、今も健在で活況を呈している。

メタルの祭典

　それに引き換えと言うべきか、鉱山のほうは1990年に操業を停止した。その後、立坑が塞がれ、巻き上げ装置はすべて撤去された。残されたのは、300年にわたるこの地の活動をしのばせるわずかな痕跡だけだ。しかし、それよりも目につくのが地域社会への影響である。かつて鉱山労働者とその家族が住んでいた区画には、朽ち果てた家々が連なり、別の場所で職を探すしかなくなった人々の集団離散を示す、もの悲しい証拠となっている。

　とはいえ、鉱山閉鎖以降の数十年でグレンゲスベリに差し込んだ光もある。中でも異彩を放っていたのが「ガムロッケン」だ。グレンゲスベリが9年にわたって主催していたこの2日間の音楽フェスティバルは、デスメタルとブラックメタルに特化したもので、ヴォミトリーやダイアボリカルといったこのジャンルのスターたちが、頭を激しく振る熱狂的なファンに向けて演奏していた。しかし2019年、「死<ruby>死<rt>デス</rt></ruby>だけが現実」の見出しを掲げたプレスリリースで資金難に言及した組織委員会は、フェスティバルの終焉を発表し、グレンゲスベリはまたもや<ruby>重金属<rt>ヘビーメタル</rt></ruby>関連の産業を失うことになったのだった。

左：グレンゲスベリにある錆びた古い車両は、かつてここで栄えていた産業を伝える数少ない証拠の1つだ。

プリマス

PLYMOUTH

モントセラト島（西インド諸島）

MONTSERRAT, WEST INDIES

モントセラトは西インド諸島に浮かぶ小さな島だが、
その知名度、そして歴史に果たした役割は大きい。
敏腕プロデューサーが創設した世界屈指のスタジオがあり、
ここでつくられたアルバムが世界に広がった。
だが繰り返される自然災害が、島の運命を変えた。

　1980年代のロックやポップスのファンにとって、モントセラト島の名はおなじみかもしれない。おそらくは地図上ではなく、ベストセラー・アルバムのジャケットのどこかに小さく印刷された文字として見かけた人が多いだろう。とはいえ、アンティグア島から55キロ、西インド諸島のイギリス領にある面積わずか100平方キロのこの小さな島は、クリストファー・コロンブスの2度目となる新世界への航海以来、ずっとヨーロッパ製の海図に載っている。

　モントセラト島の岸沿いの航路を選んだコロンブスが去ったあと、17世紀初頭になってようやく、アイルランドからの移民、おもにオリバー・クロムウェルの支配から逃れてきたカトリック教徒たちがこの島に定住する。その後、1666年にイギリス人が島を占領し、領有権を主張した。続く数世紀の間、島の主要な換金作物はサトウキビだった。作付けや収穫を担っていたのは、プランテーションでの苦役のためにアフリカから強制的に連れてこられた人々で、それは1834年に奴隷制が廃止されるまで続いた。

スタジオ「エア」

　それから150年近くが経った1979年、モントセラト島は、ビートルズの元プロデューサー、ジョージ・マーティンが創設した世界屈指のレコーディング・スタジオ「エア」の拠点となる。最新鋭の設備と熱帯の楽園に近い立地が魅力のエア・スタジオは、エルトン・ジョン、マイケル・ジャクソン、デュラン・デュラン、ポリス、ダイアー・ストレイツらのレコーディングの場となった。ダイアー・ストレイツがエアで録音したアルバム『ブラザーズ・イン・アームス』は、累計3000万枚以上を売り上げている。1989年の春には、ローリング・ストーンズがここを訪れ、『スティール・ホイールズ』を制作した。

　結局、このアルバムがエアで録音された最後の作品となる。1989年9月、モントセラト島はハ

右：スーフリエール・ヒルズ火山の爆発以前は、モントセラト島の全域に人が住んでいた。

70-71ページ：立ち入り禁止区域になっているプリマスは、背後に見えるスーフリエール・ヒルズ火山が降らせた灰と泥に今も覆われている。

人が消えた場所

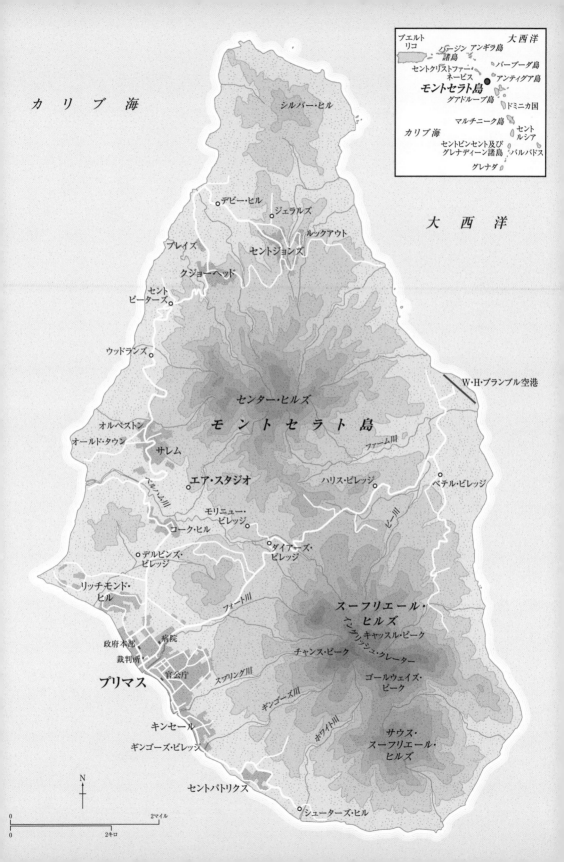

カリブ海

大西洋

シルバー・ヒル

デビー・ヒル
ジェラルズ
ルックアウト
プレイズ
セントジョンズ
クジョー・ヘッド
セント
ピーターズ

ウッドランズ

W・H・ブランブル空港

センター・ヒルズ

モントセラト島

オルベストン
オールド・タウン
サレム
ファーム川

エア・スタジオ
ハリス・ビレッジ
ベテル・ビレッジ

ベルハム川
モリニュー・
ビレッジ
コーク・ヒル
ベレ川

デルビンズ・
ビレッジ
ダイアーズ・
ビレッジ

リッチモンド・
ヒル
フォート川
スーフリエール・
ヒルズ
イングリッシュ・ピーク
キャッスル・ピーク
チャンス・ピーク
イングリッシュ・クレーター
政府本部
病院
ゴールウェイズ・
ピーク
裁判所
官公庁
スプリング川
プリマス
キンセール
ギンゴーズ川
サウス・
スーフリエール・
ヒルズ
ギンゴーズ・ビレッジ
ホワイト川

N

セントパトリクス

シューターズ・ヒル

0 _____ 2マイル

0 _____ 2キロ

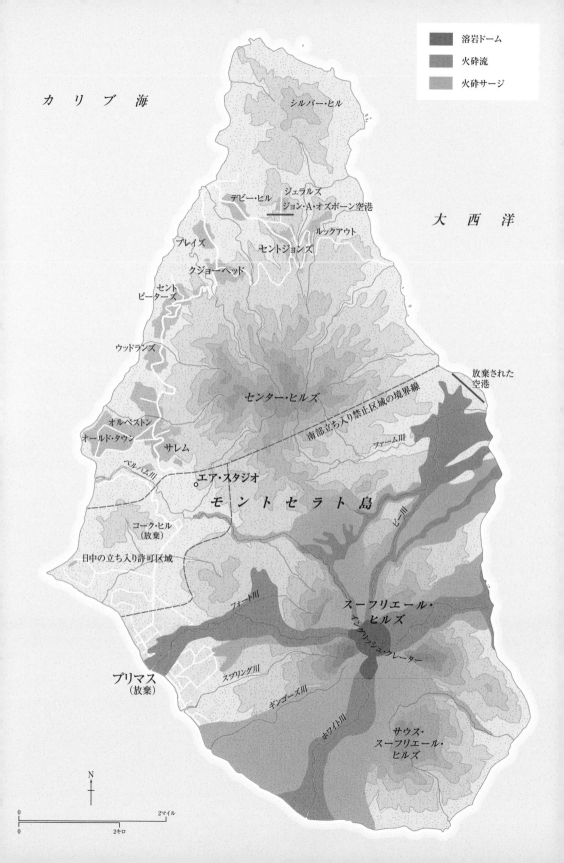

カリブ海

大西洋

溶岩ドーム
火砕流
火砕サージ

シルバー・ヒル

デビー・ヒル　ジェラルズ
ジョン・A・オズボーン空港

ブレイズ

ルックアウト

クジョー・ヘッド　セントジョンズ

セント
ピーターズ

ウッドランズ

センター・ヒルズ

放棄された
空港

南部立ち入り禁止区域の境界線

オルベストン
オールド・タウン
サレム

ファーム川

ベルハム川

エア・スタジオ

モントセラト島

コーク・ヒル
（放棄）

ビー川

日中の立ち入り許可区域

フォード川

スーフリエール・
ヒルズ

イングリッシュ・クレーター

プリマス
（放棄）

スプリング川

ギンゴーズ川

ホワイト川

サウス・
スーフリエール・
ヒルズ

N

0　　　　　　　2マイル
0　　　　　　　2キロ

リケーン・ヒューゴに襲われたのだ。カリブ海の
このあたりを直撃したハリケーンとしては過去
100年で最も規模が大きく、11人が死亡し、3000
人以上が家を失った。モントセラト島の不動産の
推定85パーセント以上が被害を受け、風速62.5
メートルの強風、豪雨、土砂崩れが建物を根こ
そぎ消し去った。水道、電気、電話が何週間も
止まり、島が立ち直るためには大規模な国際支
援が必要だった。

エアは無事だったものの、取り返しのつかな
いダメージを受けた。伝えられるところでは、
ジョージ・マーティンはピアノの蓋を開けて、鍵
盤がカビだらけになっているのを見たときに、す
べてが終わったと悟ったという。

火山の噴火

何とか復旧したモントセラト島に、さらに過酷
な運命が襲いかかった。1970年代後半のスタジ
オ最初期にエアを利用したアーティストに、シン
ガーソングライターのジミー・バフェットがいる。
モントセラト島滞在中、バフェットはこの島の休
火山スーフリエール・ヒルズに魅了され、それを
きっかけに書いた曲はアルバム『ボルケーノ』の
タイトル曲になった。だが1995年7月18日、350
年にわたって眠っていたスーフリエール・ヒルズ
が突然噴火し、島の南半分に溶岩と厚い灰を送
り込んだのだ。1カ月後、さらに激しい2度目の
噴火により、5キロ離れたところにあるモントセ
ラトの首都プリマスは灰で覆い尽くされ、4000
人の住民全員が避難を余儀なくされた。

束の間の小康状態のあと、1997年7月25日、
火山はいっそう激しい勢いで再び目覚める。直
後に19人が死亡し、8月末まで続発した噴火に
よって、プリマスのほぼ全体が厚さ1.4メートル
の灰に埋もれた。スーフリエール・ヒルズの火砕
流を逃れられたのは、モントセラト島の北端だけ
だった。以来、この火山（世界トップクラスの活

発な火山に分類されている）の周辺は立ち入り
禁止区域になり、いまだにくすぶっている島の南
半分は立ち入りが制限されている。

だが2010年以降、この区域内で砂の採掘が行
われるようになっており、また将来に向けた大き
な希望として、火山そのものが生み出すほぼ無
尽蔵の自然地熱エネルギー源を利用できる可能
性もある。モントセラト島をほぼ全壊させたスー
フリエール・ヒルズは、最終的には島の救世主に
なるのかもしれない。

カリブ海のポンペイ

とはいえ、「カリブ海のポンペイ」と呼ばれた
プリマスがすぐにも死からよみがえる可能性は
低そうだ。灰と石の厚い毛布に覆われ、見える
ものといえば背の高い建物の大破した屋根だけ
で、周囲にはいまだに硫黄のきついにおいが漂っ
ている。立ち入りが禁止され、完全に人が住め
なくなっているにもかかわらず、プリマスは今も
この島の正式な首都のままだ。しかし、首都機
能は北西沿岸部のブレイズに移り、その近くのリ
トルベイで新たな首都の建設が進んでいる。

ちなみに、エア・スタジオは立ち入り禁止区域
のちょうど境界に立っている。ところどころ泥と
灰に飲み込まれており、熱帯植物が侵入したり、
蜂に荒らされている部分もある。とりわけ蜂の巣
は、このポップカルチャー史の聖地への巡礼を
危険きわまりないものにしている。

今、このあたりで一番よく耳にするのは、ソカ
やファンク、レゲエ、ポップ、ロックンロールの
パーカッシブなリズムではなく、スーフリエール・
ヒルズの危険が去ったことを伝える定期的な警
報解除のサイレンの音だ。マーティンのスタジオ
が生み出した音楽に比べれば単調かもしれない
が、その調べに飽き飽きするような島民は1人も
いないだろう。

左：1995～97年のスーフリエール・ヒルズの噴火による被
害の範囲を示す地図。立ち入り禁止区域内にあたる島の
南半分へのアクセスは制限されている。

コールマンスコップ

KOLMANSKOP

ナミビア

NAMIBIA

ナミビアには港町が2つしかない。
そのうちの1つであるリューデッツから少し内陸に入った
コールマンスコップは、地球上でも屈指の裕福な町だった。
ダイヤモンドの産出と、奴隷労働と変わらない条件で
働かされたオバンボ族のおかげである。

アフリカ南西部に位置するナミビアの海岸線は非常に長く、北はアンゴラ近くのクネネ川河口から南は南アフリカ国境上のオレンジ川河口まで、1500キロ以上にわたってのびている。その果てしない長さに加えて、どこをとっても陸路や海路の移動は過酷このうえなく、かつてのポルトガルやオランダの探検家、アメリカの捕鯨船員、ドイツの入植者らは、それを身をもって知ることになった。砂塵を容赦なく海に吹きつけるナミブ砂漠の不毛な平野を数百キロにわたって背負うナミビアの海岸線は、絶えず形を変える砂と砂利の丘、入り組んだ岬、ぎざぎざの断崖、岩礁を特徴とする。帆船の時代には、海を進む船が避難できる場所はほとんどなかった（今もそれは変わらない）。

とりわけ、強風、濃霧、それに潮がぶつかり合う危険な海流に悩まされる北部沿岸の一区画は、当然の成り行きとして、19世紀に船乗りの墓場として悪名を馳せた。「骸骨海岸」というその呼び名は、かつて砂浜に散らばっていた大量の骨に由来する。そのほとんどは大西洋を餌場にするクジラやアザラシの骨だったが、人間の骨も少なくなかった。多くの船がここで難破したからだ。生きて岸までたどり着いた船乗りたちも、きれいな水や食べられそうなものがないことを知りながら、食料を求めて砂漠の海岸をむなしくさまよった末に命を落とすことになった。

ダイヤモンド発見

ナミビアには港町が2つしかない。海岸線のほぼ中央に位置するウォルビスベイと、その南にあるリューデリッツだ。後者は入江にできた町で、帆船や船乗りに対する苛烈さではましな部類に入る自然港があった。

リューデリッツはもともと、ポルトガル語で「小さな入江（港）」を意味する「アングラ・ペケナ」の名で呼ばれていた。1883年にブレーメンのタバコ商人アドルフ・リューデリッツがナマ族の首長ヨーゼフ・フレデリクスと交わしたいかがわしい購入契約により、この港は先住民族が所有していた入江の半径8キロの土地とともに、ドイツ帝国の植民地となる。さらに、このあたりに眠る銀や銅といった鉱山資源と、海鳥の糞でできた天然の肥料グアノが港の拡張に拍車をかけた。

そして、少し内陸へ入ったコールマンスコップで鉄道労働者のツァハリアス・レワラがダイヤモンドを発見したのをきっかけに、この名もなき土地の周辺に探鉱者たちが殺到し始める。レワラは線路をほうきで掃いていたときに偶然、キラキラと光る石を見つけた。ちなみに、コールマンス

人が消えた場所

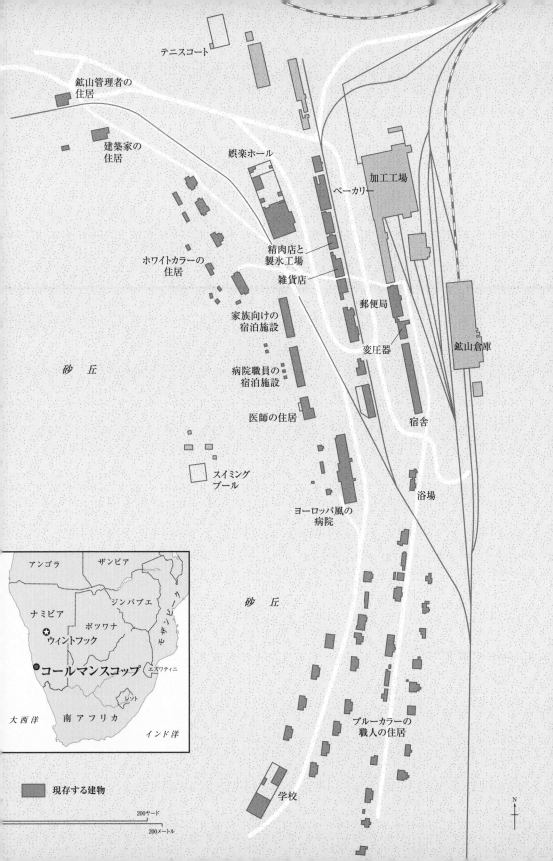

テニスコート

鉱山管理者の
住居

建築家の
住居

娯楽ホール

加工工場

ベーカリー

ホワイトカラーの
住居

精肉店と
製氷工場

雑貨店

郵便局

鉱山倉庫

家族向けの
宿泊施設

砂　丘

変圧器

病院職員の
宿泊施設

医師の住居

宿舎

スイミング
プール

浴場

ヨーロッパ風の
病院

アンゴラ　ザンビア

ジンバブエ

ナミビア　ボツワナ

ウィントフック

コールマンスコップ

エスワティニ

レソト

砂　丘

大西洋　南アフリカ

インド洋

ブルーカラーの
職人の住居

現存する建物

学校

200ヤード

200メートル

N

コップという名は、初期のアフリカーナー（ヨーロッパからの入植
者を祖先とする南アフリカ人）移民、ジャニ・コールマンにちなん
でいる。牛車で移動していたコールマンは、この荒れ果てた地で車
が砂に埋もれてしまったという。

　1910年代までに、コールマンスコップは地球上で屈指の裕福な
町となり、世界のダイヤモンド総生産量の10パーセント以上を供
給するようになった。リューデリッツもダイヤモンド貿易を背景に
繁栄を謳歌する。この地の宝石はあまりにも豊富で、果物を収穫す
るかのように砂から宝石を拾い上げている当時の人々の写真が残っ
ているほどだ。

　だが、その後採掘のほとんどを担ったのは、オバンボ族の雇われ
労働者だった。彼らは奴隷労働と変わらない条件で働かされ、好景
気の恩恵にあずかることはほとんどなかった。ドイツ当局がナミビ
アのダイヤモンド産地を制限区域に指定し、探鉱権を国内のエリー
ト企業コンソリデーテッド・ダイヤモンド・マインズ社（CDM）
だけに与えたあとは、とりわけその傾向が顕著になる。

砂に埋もれた町

　コールマンスコップの繁栄はとどまることを知らず、バイエルン
地方のそこそこ立派な町にも劣らない虚飾をすべて手に入れた。
1920年代の絶頂期には、体育館、スイミングプール、よく整備され

上：放棄されて荒れ果てたコールマンスコップの建物の内部。忍び込んでくる砂丘に侵略されつつある。

た住宅、学校、コンサートホール、郵便局、役所、ベーカリーや精肉店などの活気ある商業施設、設備の整った近代的な病院などが、この町にひしめいていた。

　だが、ほんの数年のうちに、コールマンスコップのダイヤモンドはほぼ枯渇する。そして、さらに南のオラニェムントではるかに埋蔵量の多い鉱床が見つかったことが、集団離散の前触れとなった。1943年までにCDMが本拠をオラニェムントに移すと、1956年頃にはコールマンスコップは廃れて埃に覆われた。ほどなくして、絶えず姿を変えるナミビアの砂丘が押し寄せ、かつての居住者たちが残した穴を埋め始めた。

　昨今では、砂に埋もれたアルプス風建築物の写真が出回り、オーストラリアのバンド、テーム・インパラのアルバム『ザ・スロー・ラッシュ』（2020年）のジャケットにも登場したおかげで、コールマンスコップは世界でおなじみの廃墟の1つになっている。ダイヤモンド採掘地は今も公式には制限区域で、一般市民の立ち入りは規制されているが、毎年3万5000人前後の観光客がバスで運ばれてくる。ただし、サルバドール・ダリ風のシュールな雰囲気を放つこの場所からは、何ひとつ持ち帰ることはできない。

ケネコット

KENNECOTT

アラスカ州（アメリカ）

ALASKA, USA

1867年、アメリカはロシアからアラスカを購入する。
それから少したった1900年の夏、
富を築こうとさまざまな金属に手を出していた
2人の探鉱者が、粘り強い探査の末、
最大級となる銅の鉱脈を発見し、一攫千金を手にした。

創造的思考のブレークスルーの瞬間は、しばしば「ひらめきの瞬間（light bulb moment＝電球の瞬間）」と表現される。機知に富んだ発明家で起業家のトーマス・エジソンにその瞬間が訪れたのは、1879年のことだ。ある晩、アメリカ、ニュージャージー州メンロパークの研究所で、送話器の油煙ブラック（ランプブラック）のかけらを何げなく丸めて細い糸状にしていたエジソンは、ふとそれを見下ろしたとき、突然ひらめいた——これは、ガス灯の代替品として開発しようとしていた白熱電球のフィラメントにぴったりの素材だと。こうして、我々の知る電球が誕生したというわけだ。

だが、エジソンの電球やそれに続く電気器具に電力を伝えるには、また別の素材が必要だった。銅である。この金属の電線としての需要は1880年代に爆発する。1880年から88年にかけて、世界の銅生産量は15万3959ロングトン（1ロングトン＝約1016kg）から25万8026ロングトンに急増した。アメリカでは、新たな供給源探しがゴールドラッシュに劣らぬ熱を帯び始める。

1896年にクロンダイク地方のラビットクリーク（すぐにボナンザクリークと改名。ボナンザには「大儲け」の意味がある）で金が発見されると、あらゆる貴金属の争奪戦は、カリフォルニアからアラスカやカナダ国境地帯のユーコンへと舞台を移した。アメリカの北西端に位置し、シベリアから90キロしか離れていないアラスカは、1867年にアメリカ合衆国が購入するまではロシア領だった。

銅鉱脈の発見

そんな中、富を築こうとさまざまな金属に手を出していた2人の粘り強い探鉱者——"タランチュラ"ことジャック・スミスとクラレンス・ウォーレンが、アラスカで賭けに出ようと思い立つ。1900年の夏、2人は何か発見できないかと、アラスカ東部のランゲル山地にあるケニコット氷河へ徒歩旅行に出かける。この氷河はその前年、アラスカ探検の草分け的存在であるアメリカの自然学者ロバート・ケニコットにちなみ、アメリカ地質調査所の地質学者オスカー・ローンによって名前がつけられたばかりだった。この極寒の山地で、金は無理としても、銅が見つかる可能性は高いとローンは主張していた。だが、誠実な政府の役人だったローンは、どうやらそれ以上は追求しないことを選んだようだ。

しかし、それは見逃しようがなかった。一見、山腹の草原らしきものに近づいたスミスとウォーレンは、それが地面から露出したエメラルド色の

78

上：放棄された鉱山町ケネコットは、アラスカのランゲル・セントイライアス国立公園保護区内にある。

銅の鉱脈であることに気づく。28歳のニューヨークの鉱山技師スティーブン・バーチにスミスが書き送ったところによれば、その鉱脈は「日差しが一番強い時間帯には、アイルランドの羊の牧草地のよう」に見えたという。抜け目のないバーチは、のちに2人の鉱山の所有権を買い取ることになる。

ボナンザピークで見つかったこの露出部のサンプルを金属試験にかけたところ、70パーセントが純粋な輝銅鉱であり、それまでに発見された銅鉱脈でも最大規模の鉱床であることが分かった。銅が存在するのは確実だったが、その場所がアラスカの僻地で、ほとんど人を寄せつけない地形であることに変わりはない。銅鉱石の採掘を始める前に、バーチはおよそ160キロ離れたバルディーズから犬ぞりで山脈を越え、機材一式を運び込まなければならなかった。その中には分解した汽船もあった。

1907年までに、バーチは多くの裕福な投資家（ハブマイヤー家

やグッゲンハイム家の面々、銀行家のJ・P・モルガンも含まれていた）の関心を引くのに成功し、鉱山の拡張支援や鉄道敷設の資金集めを目的としたシンジケートを組織する。鉄道の敷設は4年を要する壮大な建設事業で、作業員たちは勇敢にも零下40度の中で線路を敷き、岩がちな地域の横断に必要な橋を架けることになった。そして1911年、25万ドル相当の銅を積んだ最初の列車が、ついに「ケネコット」を出発した。事務職員のミスとおそらくはバーチのまずい筆跡のせいで、新たな鉱山町の名前（Kennecott）は隣接する氷河の名前（Kennicott）と一文字違いになった。

過酷な労働環境

　平均よりも高い賃金で、この人里離れた場所に数百人の労働者をうまく誘い込んだはいいが、ケネコットの草創期の労働条件は健全とはほど遠かった。鉱山労働者は小屋に寝泊まりし、自由時間を制限され、年中無休で働いて多くの仕事をこなし、凍えるように寒い冬の間はほとんどの時間を地面の下で過ごした。

　ケネコットでは酒の販売が規制され、ほかにはこれといった娯楽もなかったが、それが近くのマッカーシーに恩恵をもたらすことになる。マッカーシーはケネコットの影に隠れるようにして、シュシャナ・ジャンクションの線路脇につくられた町だ。マッカーシーに売春街、酒場、ホテル、ダンスホール、婦人服店ができたおかげで、鉱山、工場、鉄道の労働者は、苦労して稼いだ金をありとあらゆる娯

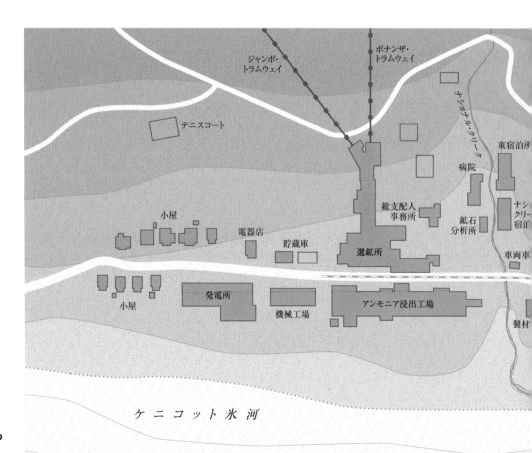

楽と慰安に使うことができた。

　やがてケネコットは、やや孤立気味ではあったが、鉱山労働者とのその家族の活気あふれるコミュニティに発展し、社交イベントやダンス、映画上映のための娯楽ホールなども備えるようになる。だが、早くも1925年には、銅鉱石が枯渇に近づいているとの警鐘が鳴らされた。そして、鉱床がほぼ掘り尽くされた1938年、5つの鉱山と鉄道は閉鎖された。掘り出された銅の総量は59万tを超えたという。

　空っぽになった1130ヘクタールの採掘地は、何度か所有者を変えたあげく最終的には分割され、1976年に広く売りに出される。この土地をまとめて購入したのは、意外なことに、アンカレジの医師、歯科医師、弁護士からなるグループだった。どうやら彼らは、アラスカの自然と、使われなくなった産業建築物に愛着を抱いたようだ。結局、いわゆる「腐朽が食い止められた」状態でのケネコットの保存を目的とする地元団体「ケニコットの友」の説得により、鉱山跡地は1990年代後半に国立公園局に売却された。

　それ以来、ケネコットの守り手たち（ボランティア）は、町に残る建物に侵入しては「建材販売店」を名乗って木材を扱うこそ泥たちとの闘いを余儀なくされている。いくつかの主要建築物が「忘却の中に滑り落ちる」のを許しつつも、「真の美しさとは、半ば崩壊し、究極的には取り返しのつかないものにこそ宿る」という高邁な理想のもと、疲弊しきった銅景気の遺物を今しばらくとどめておくために、ケネコットでは一時しのぎの修復が続けられている。

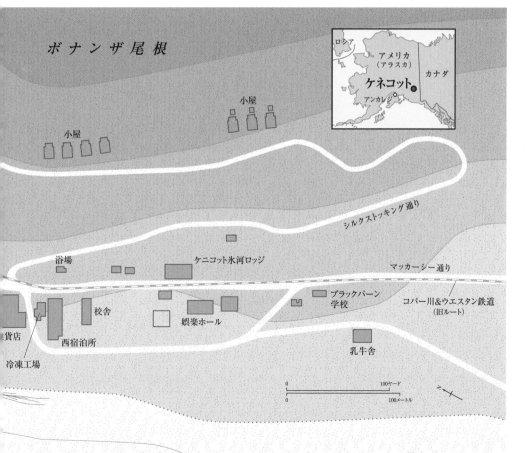

デラースハイム

DÖLLERSHEIM

オーストリア

AUSTRIA

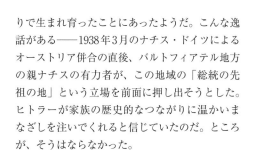

アドルフ・ヒトラーには出生の秘密があった。
そんな憶測をかき立てるのが、デラースハイムだ。
父の出生地であるにもかかわらず、彼はこの地を冷遇し、
戦闘訓練に適した場所として、住民を退去させた。
噂の真偽は今も明らかではない。

　現代のオーストリアの地図に登場する用語に、「verfallen」（たいていは「verf.」と略記される）というものがある。おおざっぱに翻訳すると、これは「尽きた」「廃れた」「朽ちた」となる。だが、デラースハイム、シュトロネス、シュピタルと近隣の6つの村々のケースでは、「消し去られた」や「抹消された」を意味する「gelöscht」のほうが正確だろう。

　旧チェコスロバキアとの国境沿い、ニーダーエステライヒ（低地オーストリア）の辺鄙な地域にあったこの村々は、自然が原因で消滅したとは到底言えない。はるか昔から数々の僻地の集落がその道をたどってきたように、人口が減り、信心深い熱心な働き手がいなくなったせいで畑や小道や農家や教会から人の姿が消え、荒れるに任せて廃墟になったわけでもない。自然と命が尽きたのでもない。デラースハイムの死と、それに呼応した地図からの消滅は「抹殺行為」と言えるものだ。ほぼ間違いなく、アドルフ・ヒトラーの直接の命令か、少なくとも黙認のもとで実施されたに違いない。

ヒトラーのルーツ

　集団殺戮を主導した独裁者の視点からすると、デラースハイムの罪は彼の祖母と父がこのあた

りで生まれ育ったことにあったようだ。こんな逸話がある──1938年3月のナチス・ドイツによるオーストリア併合の直後、バルトフィアテル地方の親ナチスの有力者が、この地域の「総統の先祖の地」という立場を前面に押し出そうとした。ヒトラーが家族の歴史的なつながりに温かいまなざしを注いでくれると信じていたのだ。ところが、そうはならなかった。

　結局、ヒトラーの個人秘書マルティン・ボルマンが、ブラウナウ・アム・インにあるヒトラーの生家（1階が酒場になっている3階建ての建物）を1938年にナチ党のものとして買い上げる。アートギャラリー兼ライブラリーとして改装されたその建物は、当然の成り行きとして、熱烈な党員たちの巡礼地になった。

　デラースハイムほど辺鄙ではないにしても、ブラウナウ・アム・インもやはりオーストリアの国境沿いの村で、ドイツ・バイエルン州のすぐ南のオーバーエステライヒ（高地オーストリア）にある。ヒトラーの父アロイスはバルトフィアテル地方の僻地出身で、ブラウナウ・アム・インの税関職員として働き、ドイツとオーストリアを行き来する商品を取り締まっていた。

　だが、かつてのふるさとの中で総統が最も懐かしく思い返し、のちに公的な栄誉を気前よく授

人が消えた場所

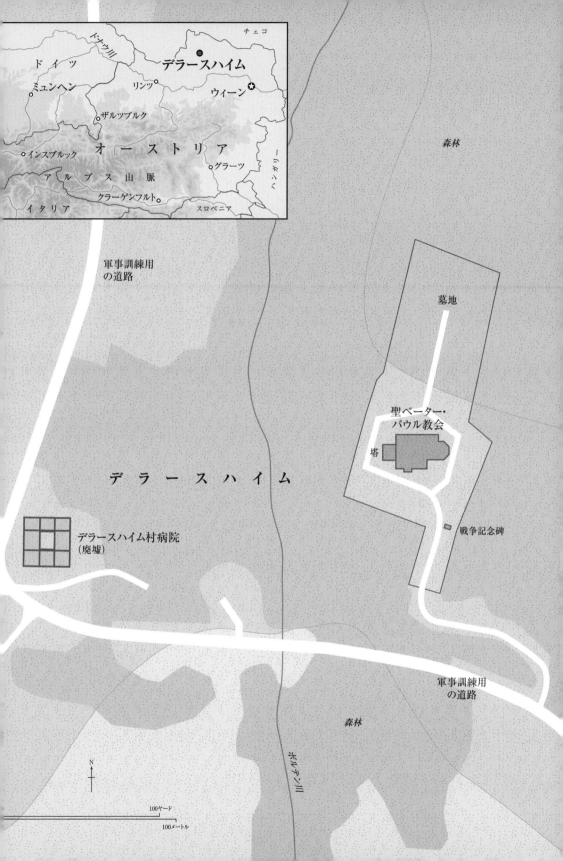

チェコ

デラースハイム

ドイツ

バナウ川

ミュンヘン

リンツ

ウィーン

ザルツブルク

インスブルック

オーストリア

グラーツ

アルプス山脈

クラーゲンフルト

イタリア

スロベニア

ーカリ川

ーハく

森林

軍事訓練用
の道路

墓地

聖ペーター・
パウル教会

塔

デラースハイム

戦争記念碑

デラースハイム村病院
（廃墟）

軍事訓練用
の道路

森林

N

ポルテン川

100ヤード

100メートル

けることを望んだのは、ドナウ川沿いの街リンツだった。ヒトラーは9歳だった1898年に家族でこの街に引っ越し、以後子ども時代をずっとそこで過ごすことになる。オーストリア併合時には、ウィーンへ行く前にこの地に立ち寄り、群衆を前にして市役所のバルコニーから演説した。一方、オーストリアの首都で国際都市のウィーンには、30年ほど前の青年時代に貧乏画家として苦労した屈辱の背景があるゆえに、憎しみに近い視線を向けていた。

何の変哲もない地方都市リンツこそが、ヒトラーが戦後の自身の隠遁地として思い描いた場所であった。ナチスの建築家アルベルト・シュペーア、ヘルマン・ギースラー、ローデリヒ・フィックが練り上げた計画では、5つの「総統都市」の1つとして大規模な再開発が予定され、ナチズムとヒトラーの偉業を称える博物館が置かれることになっていた。

それに対して、ちっぽけなデラースハイムが2世代前にさかのぼるヒトラー家とのつながりを宣伝しようとしたとき、ベルリンから送られたのは身も凍る冷たい風だった。デラースハイムは「総統生誕の村」を謳った切手の発行を許されなかっただけでなく、どこであれヒトラーの親族が住んでいたとされる家に記念銘板を掲げることも禁じられる。問題は、複雑に入り組んだヒトラーの家系図にあった。デラースハイムに根ざすその枝の一部は、総統の恥部となる可能性を秘めたもので、現在も議論の的になっている。

出生の秘密

すべては洗礼証明書の空欄に行きつく。通常なら父親の名前が入るスペースだ。問題の証明書は、1836年後半のある時点で、未婚の女中だった42歳のマリア・シックルグルーバーにより、デラースハイムの教区教会に提出された。シックルグルーバーは1837年6月7日に男の子を産み、アロイスと名づける（これがヒトラーの父になる人物だ）。シックルグルーバーは5年後に同じ教会を訪れ、43歳の粉ひき職人ヨハン・ゲオルグ・ヒードラーと結婚した。アロイスは新婚夫婦とともに暮らす代わりに、ヨハン・ゲオルグの兄ヨハン・ネポムク・ヒードラーのもとに里子に出される。理由は定かではないが、それがのちに数々の憶測を呼ぶことになる。

ヨハン・ネポムク・ヒードラーは弟よりも安定した小作農だったようで、すでに妻子もいた。ヨハン・ゲオルグは生涯を通じて、アロイスを我が子として正式に認知することはなかった。アロイスを養子にするための手も打たなかったようだ。だが、ヨハン・ゲオルグの死後、すでに40歳になり、それまでシックルグルーバー姓を名乗っていたアロイスは、デラースハイムに戻り、ヨハン・ゲオルグが昔からアロイスに「ヒードラー」姓を名乗らせたいと望んでいたと主張して、首尾よく改姓に成功する。アロイスはのちにその姓を「ヒトラー」に修正した。

上：ドイツ国防軍到来以前のデラース
ハイムにあった古いベーカリー。

　こうしたことは、19世紀前半のオーストリアの田舎ではよくある
ことだった。婚外子が生まれることの多い時代と土地柄であり、血
液検査による親子鑑定が登場するのは100年も先のことだ。当時は
教区教会が家族関係の正式な調停役となるケースが多く、識字率の
低さと標準化されていないスペリングのせいで、姓が時とともに変
わることも珍しくなかった。

　とはいえ、アドルフ・ヒトラー（アロイスの息子でマリア・シッ
クルグルーバーの孫）が権力を握り、民族純化という邪悪な主義を
信奉していなければ、そうしたことはたいした問題にはならなかっ
ただろう。この信条は、至極当然の話だが、ヒトラーが政治の舞台
に初めて登場した直後から、批判勢力によるヒトラー本人の血統調
査を誘発する。父親が姓を変えていた事実が発覚すると、ウィーン
の一部の新聞が嘲りの社説を掲載し、「まっすぐ脚を伸ばして行進
する彼の支持者たちは、本来なら『ハイル・シックルグルーバー！』
と唱えてしかるべきだ」とからかった。

　それを面白がるはずもないヒトラーは、ユダヤ人の血を引いてい
る可能性を取り沙汰した別の噂をもみ消すために、系図学者を雇っ
てアーリア人の血筋を証明する詳細な家系図を作成させる。1937
年に『総統の系図』と題した本に掲載されたその家系図では、ヒト

ラーの父方の祖父はヨハン・ゲオルグ・ヒードラーとされ、マリア・シックルグルーバーとの結婚が少し遅れたのだとする事実上の公式見解が固まった。

その後も、ヨハン・ネポムク・ヒードラーのほうが父親だった可能性が高いとする説は残った。マリアが弟のヨハン・ゲオルグと結婚したのは便宜上のことで、マリアを家族内にとどめ、不倫に対する妻の怒りをかき立てずにヨハン・ネポムクがアロイスの世話をできるようにするためだったというわけだ。

不都合な過去

もう1つ、多くの歴史学者に否定されてはいるものの、激しい論争を巻き起こした説がある。ナチスの幹部である弁護士ハンス・フランクが提唱したものだ。フランクは1946年にニュルンベルクで戦争犯罪人として処刑される直前に書いた回想録の中で、マリアを妊娠させたのはレオポルド・フランケンベルガーというユダヤ人だと主張した。2人が性的関係を持ったのは、グラーツのフランケンベルガー家のメイドとしてマリアが働いていた時期だったという。それが本当なら、ヒトラーにはユダヤ人の血が4分の1混ざっていることになり、自身が支配するドイツ国の市民の資格はなくなる。

今となっては、マリアの恋人の正体を証明するのは不可能だろう。だが、確かに分かっていることがある。1938年のオーストリア併合からわずか数カ月後、マリアが子を産んだ村の一帯は、ドイツ国防軍の戦闘訓練に適した場所としてたちまち目をつけられたのだ。1939年までに、デラースハイムとその周辺の町や村の住民たちは強制的に退去させられ、彼らに取って代わった戦車兵たちが、重武装の戦闘技術の習得に必要な各種演習を行い、まだ立っていた建物を粉々に吹き飛ばし始めた。1945年に連合軍がオーストリアを解放すると、デラースハイムの施設はソ連軍に押収され、ソ連軍もまた、その地で集中的な射撃訓練を行ったという。

10年後に連合軍による占領が終わったあと、デラースハイムは立ち入り禁止の軍事区域としてオーストリア軍に引き継がれた。そして今日に至るまで、現役の演習場として大部分が鉄条網と柵で囲い込まれたままになっている。議論の余地はあるものの、オーストリア当局は1980年代に、現存しているデラースハイムの一部（当地の病院、教会、近くの墓地の遺跡）を一般公開した。そのおかげで、この地を訪れた人は、ナチスの最高司令部が疑惑を招くほど熱心に消し去ろうとした場所を、ほんのわずかではあるが見ることができる。

左：小学校の廃墟が、かつてこの村にあった幸せな暮らしをしのばせる。

右上：ドイツ国防軍はこの村の建物を砲撃訓練に使った。

右下：この教会はデラースハイムに残っている数少ない建築物の1つだ。

人が消えた場所

荒れ果てた観光地

DILAPIDATED DESTINATIONS

ウエスト桟橋

THE WEST PIER

ブライトン・アンド・ホーブ（イギリス）　BRIGHTON & HOVE, UK

イギリス南東部に建造されたウエスト桟橋は、
土木技師の巨匠ユージニアス・バーチの最高傑作。
上流階級向けの遊歩道に特化したこの場所には
来訪者が群れをなし、パノラマビューを楽しんだ。
「海に浮かぶ蝶のよう」とまで称された。

語源の面から考えると、「pier（桟橋）」という英語は、「石の壁」ひいては「柱」を意味するフランス語の「pile」、さらにはラテン語の「pila」に由来する。他方、「じっと見る（peer out）」と「貴族（peer of the realmは上院に列する資格を持つ貴族）」の両方を意味する同音異義語の「peer」は、海辺のリゾート地の初期の原動力だった2つの要素、すなわち「海の眺め」および「高貴な訪問者たち」というコンセプトを巧妙に結びつけている。

何の変哲もないあちこちの漁村に健康を害した金持ちが流れ着くようになったのは、やぶ医者たちが痛風の治療薬として海水の効能を宣伝し始めた17世紀後半以降のことだ。そんな中、病人だらけだったイギリスはサセックスの海辺の村ブライトヘルムストンは、摂政皇太子（のちのジョージ4世）の庇護と活発な取り巻き貴族たちのおかげで、海辺の最高級リゾート地ブライトンとして生まれ変わり、当然の成り行きとして、流行の先端を行く人々が健康だけでなく娯楽を求めて訪れる場所になる。それとほぼ同時期に、ロマン派の芸術家たちが大海原を審美的に「高尚なもの」に変え、海は目を向けるべき神秘の存在となった。

桟橋というものは、そもそもボートや蒸気船で運ばれてきた客が港のないリゾート地に下船するための施設である。ブライトン初の桟橋であるチェーン桟橋も、それを主用途として1823年につくられた。この桟橋は吊り橋のような構造の浮桟橋で、設計者のサミュエル・ブラウン大佐は、技師兼建築家に転身する前は海軍の将校だった。

エジプトのオベリスクをまねたチェーン桟橋の支塔には、土産屋が入るスペースもあった。とりわけ鉄道がこの町に到達した1841年以後は、桟橋そのものが呼び物の1つとなる。海上の散歩道として機能するようになった桟橋では、波のうねりとともに揺れるデッキの上をひと回りしたり、健康に良さそうな海からの潮風を吸い込んだり、美しい風景を堪能することができた。やがて、読書室とカメラ・オブスクラを備え、さらには影絵アーティストやガラス乾板写真家も引き寄せたチェーン桟橋は、輸送施設としてだけでなく、娯楽施設としても活躍するようになる。

遊歩道専用の桟橋

このパターンは、イギリスで急成長するビーチタウンの至るところで見られるようになり、海辺のリゾートはこぞって桟橋を求めるようになった。中でも大規模なリゾートでは、増え続ける日帰り客の波に対応するために、複数の桟橋が築

上：最盛期のウエスト桟橋を描いた1913年のビンテージ絵葉書。来訪者が群れをなし、パノラマビューを楽しんでいる。

かれることもあった。1866年にできたブライトンのウエスト桟橋は、上流階級向けの遊歩道に特化した初めての桟橋となり、近くにあった桟橋に代わる洗練されたスポットとなった（のちに先端部分が拡張されて、遊覧船を係留できるようになる）。

　ウエスト桟橋はユージニアス・バーチの作だ。バーチは1869年にブライトンの水族館も完成させている。「桟橋界のブルネル（イギリスの著名な土木・造船技師）」とも言えるバーチは、カルカッタ（コルカタ）・デリー鉄道の敷設に関わり、土木技師としてイングランドとウェールズで合計14の海辺の桟橋を手がけた。また、エクスマスの埠頭、イフラクームの港、ウエスト・サリー水道の建設にも携わった。アベリストウィス、ディール、ホーンジー、リザム、プリマス、ニューブライトン、イーストボーン、スカボロー、ウエストン=スーパー=メア、ヘイスティングス、ボーンマスといった海沿いの町々は、いずれも最盛期にバーチの桟橋を誇っていた。

　ウエスト桟橋は、比較的初期の作ではあるものの、バーチの最高傑作の1つだ。お披露目の際に「海に浮かぶ蝶のよう」という忘れがたい言葉で形容されたこの桟橋によって、彼は桟橋の様式を美しさと構造の両面で進化させた。まだあまり試されていなかった建設手法を採用し、海底に固定したひとつながりの鋳鉄製の柱で支えて、長さ400メートルの突起を海に伸ばした。おおいに評判になった（そしておおいにまねされた）独自構造の1つが、「広々とした連続シート」だ。桟橋の両側に沿って設置されたこの腰掛けは、曲線を描く1対の鋳鉄製ベンチの形をとり、2000人が座ることができる。ベンチは内側を向いていたので、来訪者たちはそこに座って休憩し、おしゃべりをし、じっくりと互いの姿を眺めることができた。

ウエスト桟橋

大きな売りは、「遮るもののないパノラマ
ビュー」と宣伝された、海と沿岸を見わたす壮
大な風景だ。はるか西にはワージングの桟橋が、
反対方向にはニューヘイブンの白亜の崖が見え
る。景色を眺める来訪者をさらに助けていたの
が、鋳鉄と板ガラスでできた装飾的なパネルで
ある。初期にコメントしたある論評者は、「桟橋
の常連客におおいなる安らぎを与えずにはいな
い」と言い切り、特によく晴れた冬の日には、体
の弱った人たちが「冷たい強風を完璧に避けな
がら、穏やかな気温と寿命を延ばす空気を楽し
める」と続けた。ウエスト桟橋のデッキはチェー
ン桟橋の4倍の広さがあり、摂政皇太子の離宮で
あるロイヤル・パビリオンのムガル風建築に敬意
を表した東洋趣味のあずまやのほか、イタリア
ネート様式の切符売り場やガス灯もあった。のち

には、電飾、コンサートホール、遊園地も追加さ
れた。
　その名が示すように、ウエスト桟橋はリゾート
地の西側のホーブ寄り、リージェンシー広場の真
向かいにつくられた。この広場は、町にある後期
ジョージアン様式の不動産の中でもひときわ目立
つ一角で、そこに立ち並ぶ建築物のほとんどは、
多作な地元の建築家であり投機的建設業者でも
あったアモン・ウィルズとアモン・ヘンリー・ウィ
ルズの父子チームが手がけたものだ。ウエスト
桟橋の立地は、設計や施設に劣らぬほど重要な
ものだった。その一方で、広場よりも北にあたる
区画の住民の中には、「自宅からの海の眺めが損
なわれるのではないか、好ましくない輩が集まっ
てくるのでないか」と心配し、眉をひそめる者も
あった。

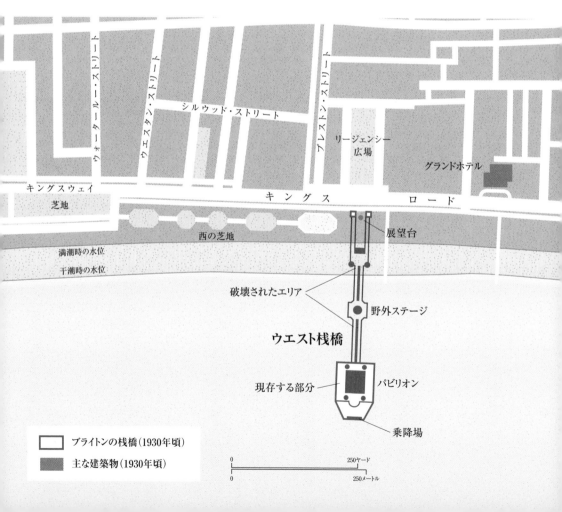

右：長さ400メートルのウエスト桟橋の突端部分のうち、今に残されているのは、この鋳鉄の柱だけだ。

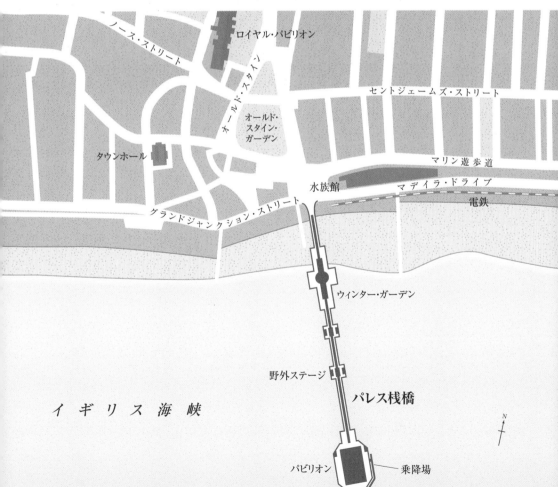

ノース・ストリート

ロイヤル・パビリオン

オールド・スタイン

セントジェームズ・ストリート

オールド・スタイン・ガーデン

タウンホール

マリン遊歩道

水族館

マデイラ・ドライブ

グランドジャンクション・ストリート

電鉄

ウィンター・ガーデン

野外ステージ

パレス桟橋

イギリス海峡

N

パビリオン ──乗降場

ウエスト桟橋はビクトリア朝後期までに年間60万人以上が訪れたものの、入場者に関してはすこぶる選民的な状況が維持された。入場料は1875年に6ペンスという法外な値段にはね上がり、ドレスコードは1930年代まで維持され、威圧的な入場ゲートと回転ドアは、来る者を選ぶかのように立ちはだかっていた。

黒焦げの残骸

1896年、チェーン桟橋が嵐で崩壊したこの年に、イギリス映画の草分けでホーブを拠点とする写真家、そしてウィリアム・フリーズ=グリーン

の元ビジネスパートナーでもあったエズメ・コーリングスが、ブライトンのビーチで休日を過ごす行楽客たちにカメラを向けた。映画『ウエスト桟橋の下で1ペニー貨を奪い合う少年たち』には、ほんの数場面ではあるが、首から膝までの水着を着けた少年たちが丸石の上で硬貨を集めようとむなしく奮闘する姿が捉えられている。だがこの映画は、水を浴びて生命を宿す古代神話のモザイク画さながらに、栄光に包まれたウエスト桟橋と揺るぎない大英帝国という、今や失われた世界を皮肉まじりに浮かび上がらせてもいる。

その世界を容赦なく叩き壊したのが第一次世

界大戦である。1969年の映画『素晴らしき戦争』（ジョアン・リトルウッドのミュージカルをもとにしたリチャード・アッテンボローの作品）に登場する海辺の場面では、大戦そのものもテーマになり、戦争のもたらした悲劇が劇中のミュージックホールの歌に合わせて、すでに影が薄くなっていたウエスト桟橋の上で演じられた。

この映画の公開から数カ月と経たないうちに、構造的な老朽化が宣告されたウエスト桟橋の突端部分は閉鎖に追い込まれた。1世紀にわたって雨風や絶えまない引き潮と海流に痛めつけられ、すでに徹底的な修理を要する状態になっていた

桟橋全体も、1975年に閉鎖されることになる。資金集めや救済のためのキャンペーンが無数に行われ、修繕計画も進められたが、ウエスト桟橋が再開することはついになかった。

崩壊寸前の桟橋は、1987年の大暴風雨で甚大な被害を受け、2003年には放火されて、最終的には骨組みだけが残る哀れな姿になった。以来、黒焦げの残骸も、渦巻く海に少しずつ奪われ続けている。今も残っているのは、鋳鉄の骨格と基礎の一部だけだ。バーチが打ち込んだスクリュー杭も何本か生き残り、死んだクモの脚さながらに波間から突き出している。

ウエスト桟橋

サンタクロース

SANTA CLAUS

アリゾナ州（アメリカ）

ARIZONA, USA

守護聖人の名を冠した町サンタクロースは、
ファミリー向けのリゾートを目指してつくられた。
そのもくろみは必ずしもうまくいかなかったが、
ドライバーたちに人気の立ち寄りスポットとして栄えた。
サンタからの手紙を出せるサービスも人気だった。

古いことわざにもあるように、クリスマスは年に一度しか来ない。伝説の聖ニコラウス、すなわちサンタクロースもまた然りだ。大きな白いひげを生やし、赤い服を身にまとったこの陽気な男性は、トナカイたちの引く空飛ぶ魔法のそりに乗って、はるか北極からプレゼントを届けにやってくる。だが、祝祭の寛大さを象徴するこの伝説的人物は、実在の人をもとにしている。

ニコラウスの奇跡

ニコラウス（ニコラオス）は280年頃に小アジアで生まれたギリシャ人だ。現在のトルコにあたるミラで主教を務め、大々的な迫害が行われた時代にキリスト教を断固として守った。当時は、敬虔なキリスト教徒を磔にして処刑したり、公衆の面前でヒョウやイノシシやライオンに引き裂かせたりする、身の毛もよだつ見世物をローマ人たちが何よりも楽しみにしていた時代だ。そうした血なまぐさい処刑方法は、キリスト教徒専用というわけではなく、微罪を犯した者やささいなことでローマの法に違反した者にも行われていた。ニコラウスはその運命を免れたが、313年にローマ皇帝コンスタンティヌス1世がいわゆる「ミラノ勅令」を発布し、東ローマ帝国で信仰の自由を認めるまで、数年を牢獄で過ごすことになる。

パン職人と質屋の守護聖人であり、数々の奇跡を起こしたとされるニコラウスは、裕福だが信心深い夫婦のひとり息子であり、若いときに両親を疫病で亡くしたことから、莫大な財産を相続したと言われている。彼はその富を使って、病める者や貧しい者、助けを必要とする者に手を差しのべ、匿名で慈善活動を行った。中でも有名なのは、娼婦になろうとしていた若い三姉妹を救ったという逸話だ。姉妹の父親は貧しく、結婚持参金を用意できなかった。そこでニコラウスは、夜の間に、金の入った3つの袋を姉妹の家にこっそり投げ込んだという。さらに信じがたい話だが、宿屋の主人に殺され、手足を切断され、樽漬けにされた3人の少年を生き返らせたとも言われている。こうした数々の言い伝えのおかげで、ニコラウスは末永く子どもたちの守護と結びつけられることになる。

何世紀にもわたり、彼の善行は聖ニコラウスの日（12月6日）に称えられてきた。ヨーロッパでは人気の聖人だったが、1500年代の宗教改革によって、ヨーロッパ大陸の大部分で聖人を称える慣行は終わりを迎える。とはいえ、聖ニコラウ

右：クリスマスツリー・インは、かつては有名なルート66沿いの人気レストランだった。

荒れ果てた観光地

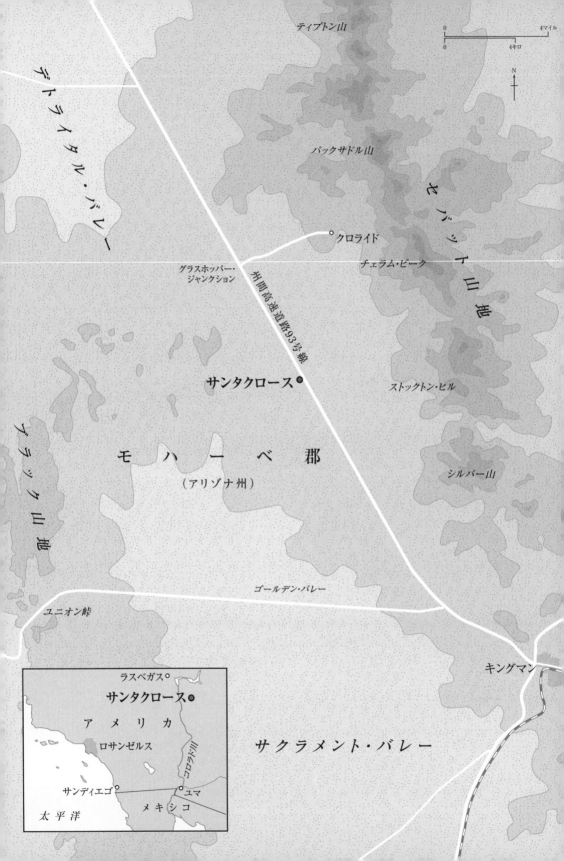

スはオランダでは相変わらず崇められていた。やがて、寛大さで名高いこの聖人にちなんで、聖ニコラウスの日の前夜に子どもの靴や靴下の中にプレゼントをしのばせる習慣が生まれる。オランダ人は愛情をこめて、聖ニコラウスをシント（聖）・ニコラースもしくはシンタクラースと呼んだ。そして彼らは、この聖人と彼にまつわる毎年の儀式を携えてアメリカへと移住したのである。

新天地において、プレゼントの習慣は徐々にクリスマスの祝祭に組み込まれていった。それまでのアメリカでは、ニューイングランドに入植した清教徒の影響で、クリスマスは目立たない祭日だった。1809年、オランダ人入植の歴史を皮肉まじりに描いた著書『ニッカーボッカーのニューヨーク史』の中で、ワシントン・アーヴィングが聖ニコラウスを鮮やかに描写している。その聖ニコラウスは、パイプをくゆらせながら、重力に逆らって空を飛ぶ魔法の馬車を駆り、クリスマスイブにプレゼントを配っていた。ほどなくして、1823年にクレメント・クラーク・ムーアが『聖ニコラウスの訪問』（邦題『クリスマスのまえのばん』中村妙子訳、偕成社）を刊行する。不朽の対句（「ねずみたちまで ひっそりと／しずまりかえった いえのなか」）で始まるこの詩も、19世紀のサンタ熱をさらに煽るのにひと役買った。

1860年代に『ハーパーズ・ウィークリー』誌がトーマス・ナッシュによるサンタクロースの版画シリーズを掲載し、印刷されたクリスマスカードが登場すると、ようやく「血色の良い顔、丸々と太ったお腹、雪のように白いひげを持ち、いたずらっぽく目を輝かせた老紳士」というおなじみのサンタ像が広まった。その衣装がさまざまな色や形で描かれていたことは間違いないが、あの最も有名な赤と白の色合いがコカ・コーラのクリスマス広告から生まれたとする説は、根拠のないつくり話だ。大酒飲みで悪名高かったスウェーデンの画家ハッドン・サンドブロムが1930年代に描いた、赤と白の服に身を包む太ったサンタの絵が、その後30年にわたってコカ・コーラの季節広告のベースになったのは確かである。しかし、その衣装や色のおおまかな特徴は、コカ・コーラがサンドブロムに絵を依頼した頃にはすでに

一般的になっていたのだ。

サンタの「制服」の起源は、主教であった彼の祭服にさかのぼる。白は神々しい純潔を、赤は生命と犠牲の血を象徴するものだ。本来の聖ニコラウスは、そうした姿で東方正教会のイコンなどの宗教画に描かれている。時が経ち、聖なる主教からおもちゃリストを携えた陽気な老人へと変容していくにつれ、ニコラウスの外套と主教冠も、白の毛皮で縁取られた赤い服装へと徐々に変化していった。もっとも、そちらの装いのほうが、凍てつく北極の空を何度も行き来したり、勤勉なこびとたちが働く工房を歩き回るのにずっと向いていることは間違いない。

毎日がクリスマス

コカ・コーラの広告キャンペーンは、炭酸飲料の消費が最も落ち込む冬季の売上を押し上げるためにスタートした。季節にかかわらず1年を通じて何かを楽しむというコンセプトは、1937年に生まれた町、アリゾナ州サンタクロースの核心でもある。祝日をテーマにしたこの新しい町は、キングマンの郊外、ブラック山脈の影に覆われたルート66のほこりっぽい区域に位置している。

この町の発案者は、カリフォルニア州の不動産業者ニナ・タルボットだ。夫とともにこの地域に引っ越してきたタルボットは、からからに乾いたモハーベ郡の大地の上に、パームスプリングスやラスベガスの流れを汲むファミリー向けリゾートをつくることを夢見ていた。そこで重きが置かれていたのは、ゴルフやギャンブルよりも、むしろ善行の季節行事だった。

スペインの遺産を受け継ぐアリゾナ州は、「サンタ」に事欠くことがない。この州の地図を見ると、「サンタクルス（聖なる十字架）」や「サンタローザ（聖なる薔薇）」といった地名があちらこちらに散らばっている。だが、広さ30ヘクタールの新興の町に「サンタクロース」の名を与えるというタルボットの決意の裏にどんな理由があったのか、本当のところは誰にも分からない。

「毎日がクリスマス」（ロイ・ウッドが書いた歌）というシンプルな前提のもとに築かれたこの町は、少しばかり思い上がった現実逃避的なとこ

ろはあるものの、喜びに満ちた楽天的な場所になった。絶えず形を変える砂漠の沖積砂の上に、ヒイラギとティンセルで飾られた「冬のワンダーランド」が立てられたという事実は、アメリカ人の飽くなき想像力の象徴として今に残っている。

しかし、サンタクロースの構想は居住地区という面ではうまくいかず、タルボットは1949年にすべてを売り払った。それでも1950年代に、サンタクロースはルート66を走るドライバーたちに人気の立ち寄りスポットとなる。エアコンのきいたレストラン「クリスマスツリー・イン」は、有名なレストラン批評家ダンカン・ハインズの好意的な評価（ルート66沿いのアリゾナの食事処としては最高級）と、ハリウッドスターのジェーン・ラッセルが贔屓にしたことも手伝って、「北極風チキン」と「クリス・クリングル（サンタクロースの別名）風仔羊パイ」で人気を博した。岩屋風の建物には、子どもたちのクリスマス・プレゼントのリクエストを聞くために、サンタが1年を通じて常駐していた。町にある郵便局も、親が子の手紙に「サンタクロースより」という消印をつけて返信できるサービスを提供して人気を集めた。

残念ながら、そうした呼び物はどれも、1970年代に始まる凋落を防ぐことはできなかった。かつてはシカゴとロサンゼルスを結ぶ大動脈だったルート66が、より大規模で高速の新道路に取って代わられたのだ。1985年にはルート66全線が廃線となった。その頃にはすでに、サンタクロースと最後まで残っていたキャンディカラーの建物はくたびれ果て、「ヘンゼルとグレーテル」風の窓は、スプレー缶で描いた雪の上に積もった砂の厚い層で覆われていた。公式な地図からは抹消され、リゾート自体はさらに10年間踏みとどまったものの、ついに1995年、最後のアトラクションが永遠に閉鎖された。

サンタクロースは、どことなく不気味さを感じさせる過去のクリスマスの亡霊として、今もその場に居座っている。しかし、フェニックスとラスベガスを結ぶ州間高速道路93号線を走る車は、町の存在に気づくこともなく走り去っていく。電飾とオーナメントで美しく飾りつけられながら、結局は路上に捨てられたツリーのようにぼろぼろに壊れた町の様子は、かつては過剰なほどの喜びと輝きに満ちていただけに、いっそう哀れみを感じさせる。まだ残っているものは例外なく落書きに覆われ、朽ちて崩れ落ちている。町の本部の残骸にかろうじてぶら下がっているくたびれた木の看板は、今も「THIS IS IT！SANTA'S LAND（ここがまさにサンタの地）」と謳っているが、そのすぐ近くでは、最近できた別の看板が毒蛇の危険を警告している。

左：町の本部は現存する数少ない建物の1つ。
今では砂漠の熱で朽ちかけている。

デュコール・パレス・ホテル

DUCOR PALACE HOTEL

リベリア

LIBERIA

リベリアの首都にそびえるこのホテルは、
世界屈指のスピードで経済成長していた時代の象徴である。
最新鋭の設備を誇り、国民からも愛される存在となった。
建設したホテル会社は、セレブや観光客の結節点としての
まばゆい未来を確信していたはずだ。

最も勢いが衰えていたときでさえ、デュコール・パレスがリベリアの首都モンロビアの頂点に君臨していたことは疑いようがない。9階建て、全106室のこのホテルは、目抜き通りのブロード・ストリートの端にそびえる一番高い丘の上に立ち、1960年からずっと風景を支配していた。大西洋を片脇に、セントポール川を足下に従え、リベリアにありながら、もっと広い世界を見据えているかのようだった。

この西アフリカの国では、1950年代から60年代にわたり世界屈指のスピードで経済が成長していた。木材やダイヤモンドなどの資源に恵まれ、何よりも自動車産業に欠かせないゴムと鉄鉱石を豊富に産出したリベリアは、投資家にとって魅力的な有望株だった。デュコール・パレスを生み出したのは、パンアメリカン航空傘下のインターナショナル・ホテルズ（のちにインターコンチネンタルに改名）だ。その国際主義の現代風建築は、ビジネス旅行者、政治家、ジェット機で飛び回るセレブや観光客の結節点としてまばゆい未来が待っている、と同社が確信していたことをうかがわせる。

ホテルを設計したのは、精力的なルーマニア・イスラエル系建築家で不動産開発業者でもあったモシェ・メイヤーだ。彼が手がけたプロジェクトは、ニューヨーク州キャッツキル山地のリゾートから、テルアビブのシャローム・メイヤー・タワーまで、多岐にわたる。1965年に完成した後者は、当時は中東で最も高い高層建築物だった。

デュコールをきっかけに、メイヤーは西アフリカでさらなる仕事を手に入れる。コートジボワールの初代大統領フェリックス・ウフェ=ボワニは、独立したばかりの祖国をデュコールに匹敵する高級ホテルで飾るためにメイヤーを雇った。そうして生まれたのが、アフリカのモダニズム建築の金字塔と呼び声の高いアビジャンのホテル・イボワールだ。2度の内戦による破壊を経たこのホテルは、最近になって全面的に改修されており、先駆けとなったデュコールの現在の運命とは好対照をなしている。

2度の内戦

アフリカ初の五つ星ホテルであるデュコールは、あらゆる最新鋭の設備を誇っていた。ホテル内の回転レストランは、街と海を見わたす最高のパノラマ展望とともに、超一流のシェフたちによるフランス料理とアフリカ料理を提供した。テニスコート、ラウンジデッキ、オリンピックサイズのスイミングプールもあった。

血にまみれたウガンダの独裁者イディ・アミン

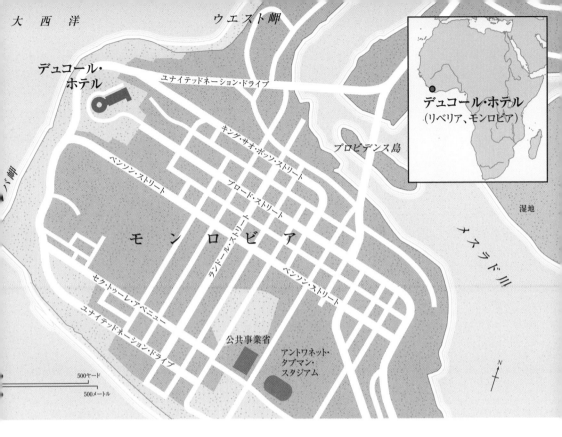

は、このプールを利用する際に拳銃を手放すのを拒み、武器を持ったまま泳いだと言われている。その噂の真相はさておき、このホテルのエアコンがきいた大広間におけるサミット、会議、貿易交渉、カクテルパーティ、祝賀ディナー、晩餐会に出席した当時の有力政治家、外交官、起業家、活動家、扇動家の中に、アミンが名を連ねていたことは間違いない。デュコールでは国家的イベントも開催されたが、地元の学校が利用することもあり、このホテルがリベリア国民全体から愛される所以となった。

だが、1980年のクーデターをきっかけに起きた一連の出来事によって、リベリアは全面的な内戦にはまり込み、それは1989年から1997年まで続いだ。ホテルは内戦勃発の数カ月前に閉鎖され、しばらくの間、暫定政府が置かれていた。紛争中に爆撃と略奪の的になったデュコールは、住む場所を失ったスラムの住人たちの避難所になった。

その後の2003年には、リベリアの2度目の内戦で主役を演じることになる。当時このホテルは、チャールズ・テイラー大統領に忠実な軍の射撃スポットとして利用されていたのだ。アメリカで教育を受けた独裁的な大統領は、国際非難に屈する形で辞任し、ナイジェリアに亡命。その後ハーグに移送され、2012年に戦争犯罪人として有罪判決を受け、50年の刑を言いわたされる。

デュコール・パレス・ホテル

死ぬまでに行っておきたい場所

　2度目の内戦直後の2004年にデュコールを訪れたイギリスの政治家クリス・マリンは、「世界の終わりのパークレーン・ヒルトン（ロンドンの五つ星ホテル）の姿を垣間見るようだ」と形容した。その後、デュコールから不法居住者が排除され、リベリアの新生政府がこの建物をリビアに貸し出した。だが、2011年にリビアの独裁者ムアンマル・アル=カダフィが殺害され、政権が崩壊すると、賃貸契約とデュコール復活に向けた計画は一瞬のうちに消え去った。

　にもかかわらず、かつてのデュコールの抜け殻は、リベリア屈指の観光地の1つになっている。サッカーの元スター選手ジョージ・ウェアが大統領に就任し、反腐敗の方針をとった2018年以来、観光客の「死ぬまでに行っておきたい場所」リストにこのホテルが戻り始めている。

下：かつてはこの円形のレストランから、街全体と海の素晴らしい眺めを楽しむことができた。　**右**：オリンピックサイズのスイミングプールは、最盛期のホテルにあった贅沢な設備の1つだ。

八丈ロイヤルホテル

HACHIJO ROYAL HOTEL

八丈島（日本）

HACHIJOJIMA, JAPAN

かつてハワイに行きたくても行けなかった日本の庶民が
代わりにリゾート地として選んだのが、伊豆諸島だった。
中でもバロック様式のシャトーをモデルとして建造された
八丈ロイヤルホテルは、日本屈指の規模と質を誇っていた。
人々が本物のハワイに行くようになるまで。

　東京都心から南へ287キロの太平洋上に位置し、伊豆諸島の一角をなす火山島、八丈島には、亜熱帯の牧歌的な風景が広がっている。八丈富士（西山）の山腹では牛の群れが草を食み、起伏は多いが緑豊かで、アジサイとアロエが生い茂っている。島を囲む海は透明で青く、バンドウイルカが群れをなし、クジラもときおり姿を見せる。観光客が入浴できる露天温泉もある。都会のせわしさから解放され、ゆったりとした時間が流れる八丈島は、島の宣伝資料が謳っているように、「沖縄やハワイまで行く労力と費用をかけずに」亜熱帯の小旅行を楽しむにはうってつけの場所だ。

日本のハワイ

　今から60年前、あこがれのハワイに実際に旅行できる日本人はほとんどいなかった。日本は歴史的に、外の世界とはほぼ完全に隔絶された時代をくぐり抜けてきた。1639年に徳川幕府が敷いた鎖国政策は215年にわたって続いた。日本人のほとんどは出国を禁じられ、禁を破った者には死罪が与えられた。外国人も、幕府の明確な許可を得た者以外は入国を許されなかった。

　そうした禁令が解けてから100年以上が経っても、パスポートの取得は難しいままだった。第二次世界大戦で連合国に敗れて占領を受けたあと、戦後の経済を支えるには金を国内にとどめておくべきだと考えた日本政府は、外国への旅行や観光を阻む策をとり続けた。東京オリンピックの開催に続いて国際化の新時代が始まる1964年まで、「休暇は国内で過ごせ」と政府が実質的に命じているような状況だったのだ。

　旧日本海軍の飛行場があった伊豆諸島は、その利点を生かして「日本のハワイ」と宣伝された。多少強引ではあるが、両者には地理的に類似点がないわけでもない。本物のハワイは、1959年にアメリカに編入されたのをきっかけに世界有数の人気旅行先となり、ポリネシアのあらゆる文物に対するブームが巻き起こった。その熱狂たるや、パイナップルリングの添えられていないハムには何十年もお目にかかれなくなったほどだ。

　1960年代の伊豆諸島は、ハワイをあきらめて国内旅行を選んだ人たちに、歓迎のレイこそ短かったが、日本屈指の規模と質を誇るホテルを提供できるようになっていた。1963年に建設された八丈島の八丈ロイヤルホテルは、フランスのバロック様式のシャトーをモデルにしていた。大理石張りの玄関ホールと、ビリヤードルームまでもがシャンデリアに照らされ、絢爛豪華というモチーフが至るところに見られた。優美な庭園も建

荒れ果てた観光地

106

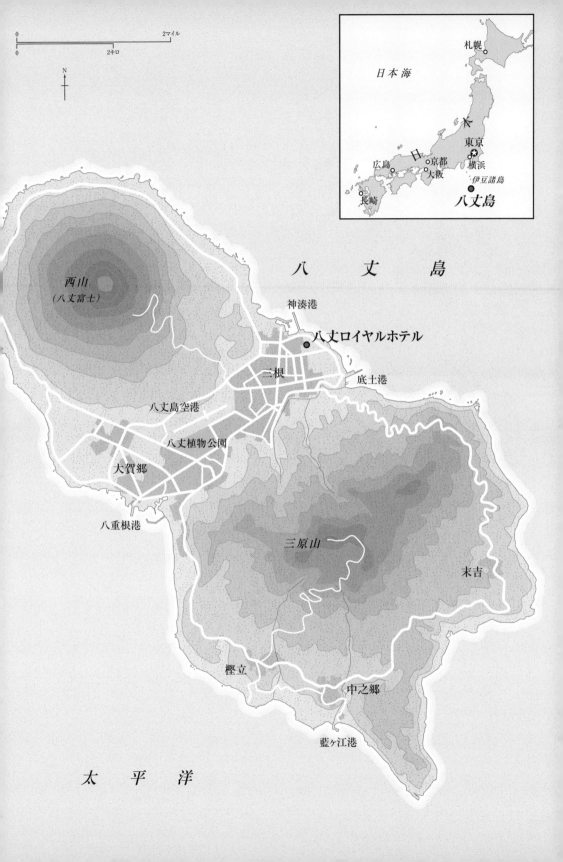

八　丈　島

太　平　洋

西山
(八丈富士)

神湊港
八丈ロイヤルホテル
三根
底土港
八丈島空港
八丈植物公園
大賀郷
八重根港

三原山
末吉

樫立
中之郷
藍ヶ江港

0　　　　　　　　　　2マイル
0　　　　　　　　　　2キロ
N

日本海
札幌
東京
広島　　京都　横浜
大阪
長崎　　　　伊豆諸島
八丈島

物に劣らず見事なもので、ギリシャ彫刻と水景はベルサイユ宮殿（あ
るいはサン=スーシ城）も顔負けの素晴らしさだった。成長著しい
日本の中流階級の宿泊客たちは、このホテルの豪華さを満喫した。
おそらくそこに、日本が成し遂げた奇跡的な経済成長の反映を見て
いたのだろう。

日本最大級の廃墟

　だが、日本が豊かさを増し、海外旅行が手軽になるのに伴って、
太陽と波を求める人たちは「ハワイのような八丈島」から徐々に離
れ、本物のホノルルへ向かうようになる。それでも八丈ロイヤルホ
テルは果敢に闘い続け、手を変え品を変え、名前まで変えながら、
バブルが崩壊した1990年代はじめ以降の低迷の時代を20年近く生
き延びた。だが2006年、ついに幕を閉じることになる。
　その後の年月の間に、かつては丹念に手入れされていた前庭の
木々は、ジャングルさながらの無法状態になった。木々の葉が車寄
せの看板を覆い隠し、玄関のポルチコの階段には苔がはびこり、つ
る植物がそこかしこで床や窓やドアを突き破り、建物の奥深くまで

荒れ果てた観光地

右上：放棄されたホテルの中では、グランドピアノが自然の力に耐えながらじっとたたずんでいる。

忍び込んでいる。中には、不気味なほど保存状態の良い部屋もあり、ランドリールームではタオルの山がきっちり重ねられていたりする。事務室と時代遅れのコンピューターは、オペレーターが午前中の会議から戻るのを待っているかのような風情だ。子ども向けのプレイルームには、ゲームの途中で投げ出されたかのようにおもちゃが散らばっている。その一方で、割れた窓、あちこちが剥げた塗装、朽ちかけの壁、崩れ落ちた天井が、それぞれの物語を語っている。まるで熱帯植物と潮風が、わずかの時間で無人のホテルをどれだけ蹂躙できるかを愉しんでいるかのようだ。

八丈ロイヤルホテル

グランド・ホテル・デ・ラ・フォレ

GRAND HÔTEL DE LA FORÊT

ビザボナ（フランス、コルシカ島）　VIZZAVONA, CORSICA, FRANCE

ナポレオンの故郷であるコルシカ島は、
さまざまな国に支配され、翻弄された歴史を持つ。
テニスコートやスケートリンクを持つこのホテルは
高尚な趣味に合うよう設計され、貴族に人気の
滞在場所として栄えた。

　権力の座についている間、生まれ故郷の島にほとんど関心を示さなかったナポレオン・ボナパルトだが、晩年になって初めてコルシカ島に対する郷愁を募らせたと言われている。南大西洋に浮かぶ絶海の孤島、イギリス領セントヘレナ島に流刑されたかつてのフランス皇帝は、マキの香りを吸い込むことを夢見ていた。マキとは、絨毯のように広がる常緑樹と灌木の群生のことで、樹脂をたっぷり含んだコルシカマツやオークの森林とともに、コルシカ島の岩がちな風景の大部分を覆っている。その緑と、お香に似た刺激的なにおいは、山のように突き出した花崗岩や渦巻き状の角を持つムフロン（このあたりに固有の野生の羊）に劣らず、コルシカ島独特のものだ。

南フランスの避寒地

　ギリシャやローマ、アラブに征服され、コンスタンティノープル、ローマ教皇、さらにはジェノバのピサ人に支配されたコルシカ島は、地理的にはフランスよりもイタリアに近い。だが、ナポレオンが生まれた1769年以降は、だいたいにおいてフランスの領土だった。

　イギリスもコルシカ島に関して独自の歴史を持っている。1794年から96年までこの島を束の間占領し、フランスに敗れて亡命したコルシカ民族主義の指導者パスクワーレ・パオリをロンドンに受け入れた。パオリの唱えた大義を支持したのが、サミュエル・ジョンソンの伝記の著者でもあるジェームズ・ボズウェルだった。ボズウェルは1765年、コルシカが短命の共和制独立国だった時期にこの島を訪れた。また詩人で画家のエドワード・リアは、コルシカ滞在時のイラスト入り旅行記を1868年に出版し、この島を訪ねることをイギリス国民に勧めている。

　穏やかな気候に恵まれ、短い冬も春と変わらぬほど快適なコルシカ島は、寒さから逃れたい富裕層の行き先として、南フランスの避寒地の一角を占めるようになる。ニースに「プロムナード・デ・ザングレ」遊歩道があるように、コルシカ島のビザボナ村近く、木々の茂る岩がちのアニョニの谷にも、「カスカード・デ・ザングレ（Cascades des Anglais）」と呼ばれる一連の小さな滝がある。この名前は、19世紀後半にピクニックスポットとしてイングランドからの訪問者の間で人気を集めたことに由来する（Anglaisは「イングランドの」を意味する）。あまり活動的でない人も、ロバに運ばれて岩の多い道をたどり、この美しい場所への探訪を楽しんでいた。

　1880〜90年代に鉄道網が敷かれると、島内を動き回るのがはるかに楽になった。この建設プロ

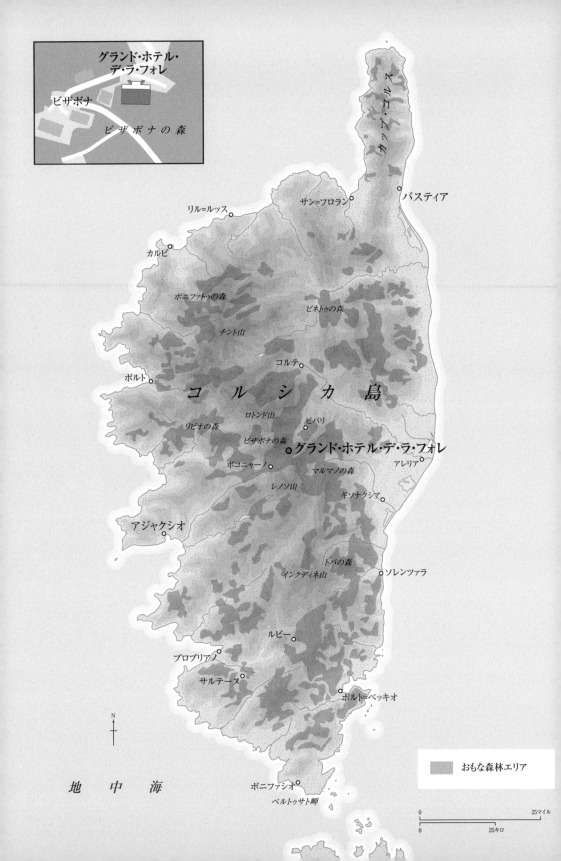

グランド・ホテル・
デ・ラ・フォレ

ビザボナ

ビザボナの森

カップ・コルス

リル=ルッス

サン=フロラン

バスティア

カルビ

ボニファトゥの森

ピネトゥの森

チント山

コルテ

ポルト

コ　ル　シ　カ　島

ロトンド山

リビナの森

ビバリ

ビザボナの森

グランド・ホテル・デ・ラ・フォレ

ボコニャーノ

マルマノの森

アレリア

レノソ山

ギソナクシア

アジャクシオ

トパの森

インクディネ山

ソレンツァラ

ルビー

プロプリアノ

サルテーヌ

ポルト=ベッキオ

N

ボニファシオ

ペルトゥサト岬

地　中　海

おもな森林エリア

0　　　　　　　25マイル

0　　　　　　　25キロ

ジェクトは、数々の目覚ましい土木工学上の創意工夫が結集したものだ。起伏の激しいコルシカの地形を走り抜ける線路を敷くには、40を超えるトンネル、少なくとも70の橋、無数の陸橋、土堤、切り通しが必要だった。この鉄道路線は1893年にコルテからビザボナに到達したが、その後、首府アジャクシオまで拡張する際には、山々を穿つ長さ4キロのトンネルを掘らなければならなかった。

トレイルの絶景ポイント

　ビザボナ駅の開発と歩調を合わせて進められたのが、駅近くのホテル、グランド・ホテル・デ・ラ・フォレの建設だ。このホテルは、レジャー目的の観光客の高尚な趣味に合うよう設計されていた。テニスコート、舞踏場、感じの良い中庭を備え、冬の時期には燃えさかる暖炉と、林間の空き地にスケートリンクまで登場した。グランド・ホテル・デ・ラ・フォレは、すぐにイギリス貴族に人気の滞在場所となり、アルプスを思わせるロマンチックなロケーションと高品質のサービスを満喫する宿泊客で賑わった。

　だが1920年代までに、そうした金回りのいい客の流れはすでに大きく落ち込んでいた。イタリアとフランスにまたがってのびるリビエラ海岸が、上流階級にとってはより魅力的だったからだ。第二次世界大戦中、コルシカ島はイタリア軍とドイツ軍に占領される。これには島に住む親ムッソリーニ派もひと役買っていた。

　戦後、グランド・ホテル・デ・ラ・フォレが復活することはなく、数十年間、無人のまま捨て置かれた。ファサードの縁取り装飾は崩落が進み、階段やテラスには森がゆっくりと侵入してきた。かつて上流階級が娯楽に興じた場所では、ムフロンが草を食んでいる。とはいえ、この見捨てられたホテルは、島の山地を2週間かけて踏破する壮大なトレイル「フラ・リ・モンティ（GR20）」の絶景ポイントの1つとして、ハイカーたちから称賛されるようになっている。

左上：ホテルの内装は、朽ちて荒廃するがままになっている。

上：ホテルの優美な外装も、今や見捨
てられて風雨にさらされている。

キャメロット・テーマパーク

CAMELOT THEME PARK

チョーリー（イギリス、ランカシャー）　CHORLEY, LANCASHIRE, UK

イギリス人にとって、アーサー王伝説は格別だ。
1983年、その伝説を再現するテーマパークが
60ヘクタール近い広大な土地にオープンした。
「キャメロットの魔法の王国」を自称し、
最盛期には年間100万人前後の来園者を集めた。

アーサー王は伝説上の存在だ。石から引き抜かれた光り輝く剣エクスカリバー、キャメロット城の円卓を囲んだ勇ましい騎士たち、魔術師マーリン、意地の悪い異父姉モルガナ、美しいが浮気者の王妃グィネビアも同様である。ほとんどの学者は、アーサー王にまつわるあれこれの大部分はフィクションであり、歴史よりは神話に近く、興奮しすぎの書記官や優雅なへぼ詩人、日銭を稼ぐバラッド歌手、各地を放浪する吟遊詩人の創作物だと考えている。

「永遠の王」とも呼ばれるアーサー王が登場する最初期の書物は、ウェールズの修道士ネンニウスが830年頃にラテン語で書いた『ブリトン人の歴史』だが、これもそれ以前の吟遊詩人のネタをもとにしている。その中で、アーサーはやや陰気ではあるが強い戦士として描かれ、アングロサクソン人の侵略者を食い止めるべく、12回にわたって戦闘を繰り広げる。

アーサーの王としての系譜、王権、偉業は12世紀前半、ジェフリー・オブ・モンマスが著した年代記『ブリタニア列王史』により、さらにしっかり肉づけされる。ユーサー・ペンドラゴンの子としてティンタジェルで生まれた王は、魔法の剣と魔術師マーリン、そして魅力的な妃を従えている。このバージョンのアーサーは、フランスで熱烈に受け入れられ、ワースやクレティアン・ド・トロワといった中世の詩人たちがその物語をさらに飾り立てた。いくつかのアーサー王関連のロマンスを書いたクレティアンは、アーサー王の最も忠実で有能な騎士ランスロットを登場させ、ランスロットとグィネビアの悲恋を最初に描いた人物とされている。

アーサー王物語の誕生

イギリス海峡の両側で多くの無名の文士がこの文献に加筆を施した末、15世紀にようやく、トマス・マロリーの『アーサー王の死』（『アーサー王物語』）が生まれる。フランスとイギリスのさまざまな詩や伝承をまとめたアーサー王の物語を説得力のある口語調で語ったこの本は、1485年にウィリアム・キャクストンにより出版され、のちの書物や映画に登場するアーサー王の描写の基礎となった。

マロリーの本は、薔薇戦争の血なまぐさい混乱のさなかに編まれた。1469年から70年にかけて、マロリーはロンドンのニューゲート監獄でみじめな生活を送っている。エドワード4世がウォリック伯率いる反逆の鎮圧に成功したのと同じ頃に、タイミング悪くヨーク党からランカスター党に乗り換えたからだ。

荒れ果てた観光地

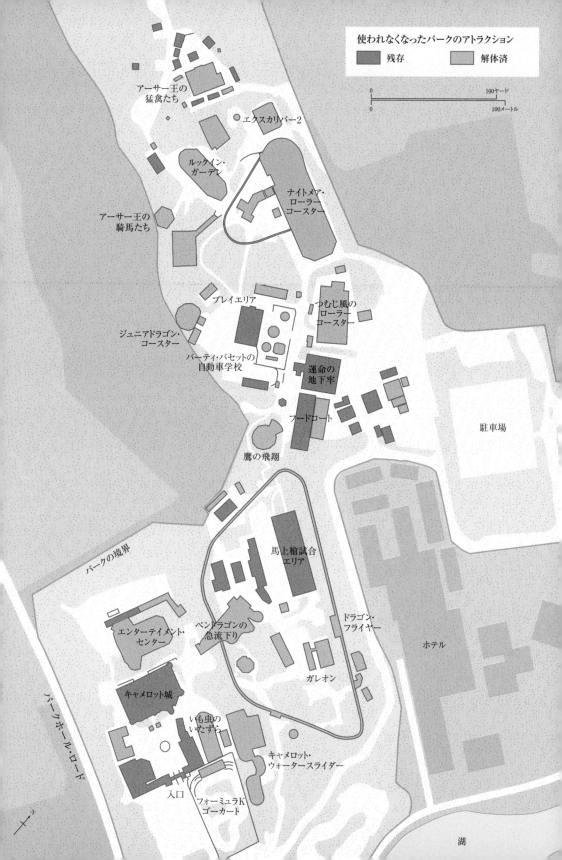

使われなくなったパークのアトラクション

残存　　解体済

アーサー王の
猛禽たち

エクスカリバー2

ルックイン・
ガーデン

ナイトメア・
ローラー
コースター

アーサー王の
騎馬たち

プレイエリア

つむじ風の
ローラー
コースター

ジュニアドラゴン・
コースター

バーティ・バセットの
自動車学校

運命の
地下牢

フードコート

鷹の飛翔

駐車場

パークの境界

馬上槍試合
エリア

エンターテイメント・
センター

ペンドラゴンの
急流下り

ドラゴン・
フライヤー

ホテル

キャメロット城

いも虫の
いたずら

ガレオン

キャメロット・
ウォータースライダー

入口

フォーミュラK
ゴーカート

パークホール・ロード

湖

失われた騎士道の時代を呼び起こす名人であったことは疑いないが、マロリーは気高い地方紳士とはほど遠かった。ウォリックシャーとノーサンプトンシャーに領地を持ってはいたが、年季の入った監獄の常連で、数々の暴行や強盗の主犯として密告され、強姦罪にも少なくとも2回問われている。

　地理的なところでは、マロリーはアーサーの王国があったキャメロットをウィンチェスターに置いていた。ハンプシャーの実質的な首府であるウィンチェスターは、アーサー王よりも歴史的に実証しやすいもう1人の王——9世紀にデーン人を打ち負かし、パンを焦がした逸話でも知られるウェセックスのアルフレッド大王の都だった。言うまでもなく、キャメロットの所在地という栄誉をめぐっては、ウィンチェスター以外にもライバルとなる場所が数多く名乗りを上げている。たとえば、ウェールズ南部のカーリオン、サマセットのヨービル近くにあるキャドベリー城、グロスターシャーのサイレンセスターなどだ。アーサー王その人の出身地については、ウェールズ、ブリタニー、スコットランド、コーンウォール、ヨークシャーなどなどの説がある。

　アーサー王をめぐる神話は、王個人だけに限ったものではない。ランカシャー州には、「ランスロットが育ったのはまさにこの州であり、子どもの頃に妖精ビビアンにさらわれて連れてこられた湖はマーティン湖だ」とする、誇り高い伝承がある。マーティン湖はランカシャーを東から西に、ラフォードからチャーチタウンまでのびる広大な淡水湖で、かつてはイングランド最大の湖だった。だが17世紀と18世紀に、地元の地主で農業「改革」者だったトマス・フリートウッドとトマス・エクレストンにより、貴重な農地を確保するために干拓された。

魔法の王国

　こうした数々の伝説を再現するためには、よほど広い土地が必要だったのだろう。チョーリー近郊チャーノック・リチャードののどかな谷間に、キャメロットの名を冠したアーサー王のテーマパークが建設されるが、その面積は約57ヘクタールに及んだ。「キャメロットの魔法の王国」を自称し、ファミリーに「魔法のような楽しい休日」を提供するパークは、1983年にオープンした。この年には、ディズニーのアニメ映画『王様の剣』も、公開20周年を記念して各地の映画館で再公開されている。アーサー王の少年時代を描いたT・H・ホワイトの小説を題材とする映画だ。さらに当時は、『ダンジョンズ＆ドラゴンズ』などのファンタジー系ロールプレイングゲームが勢いづいていたこともあり、キャメロット・テーマパークは人々の心を捉えた。

　小塔のある城門をひとたびくぐれば、「マーリンの魔法学校」に出席したり、馬上槍試合を見物したり、ウォータースライダー「ペンドラゴンの急流下り」でスリルを楽しんだり、ガタガタ揺れる「ナイトメア」ローラーコースターで度胸試しをすることができた。テーマ的には脱線気味だが、「バンプキン氏の仲良し牧場」もあった。動物と触れ合えるこの牧場は、「封建時代には誰もが騎士になれたわけでなく、豚と一緒に膝まで泥に浸かっている人たちもいたのだ」と教えているのかもしれない。

　最盛期のキャメロットは、年間100万人前後の来園者を集めた。1999年には「北西部年間最優秀観光地」に、2002年には「ランカシャー最優秀ファミリー向け観光地」に選ばれた。だが、それから3年としないうちに、門をくぐる人の数は33万6204人にまで激減し、2012年、悪天候の夏と、ロンドン五輪や「ダイヤモンドジュビリー」（エリザベス女王の即位60周年を祝う行事）との熾烈な競争を経て、パークは入場客

減少との最後の戦いを終え、永遠にその門を閉じることとなる。乗り物の大部分は解体され、別のパークへ送られたが、近くのM6高速道路からも見えるランドマーク的存在だった巨大な「ナイトメア」コースターが取り壊されたのは2020年2月のことだった。残りの建物の多くは、跡地での新たな住宅の建築許可をめぐる議論が紛糾する中、今日に至ってもそのままである。

今にして思えば、パークのもとになった伝説そのものが良くなかったのかもしれない。キャメロットの名の由来になったものは、どちらかと言えば悲しい結末を迎えたのだから。その死の影は、マロリーが語った物語の題名にも掲げられている。そもそもアーサー王に人気があるのは、失われた王国、あるいは存在しなかった王国の象徴であるからだ。同じように、人影が消えたパークと、そこにある偽物の城と銃眼付きの売店は、古き良き時代の夢を体現している。甲冑に身を包んだ騎士たちがパークで群れをなし、幸せな家族連れが綿あめを食べていた、失われた無邪気な時代は、マーリンの魔法の杖を振ったとしても、二度とよみがえることはないだろう。

下：手足のとれた人形。テーマパークの不気味な名残である。

118-119ページ：スリルを求める客に大人気だったナイトメア・ローラーコースターは、閉鎖以降、錆びるがままになっている。

ソルトン・シー・リビエラ

THE SALTON SEA RIVIERA

カリフォルニア州（アメリカ）　　　　　　　CALIFORNIA, USA

19世紀まで、このあたりは砂漠しかなく、
いわば人のほとんど住まない不毛の地だった。
コロラド川からの水を引いたことで、景観が一変する。
1950年代には、有名なヨセミテ国立公園よりも
多くの旅行者を集めるアメリカ屈指の観光地になった。

　娯楽や癒しを求めて訪れる場所——「リゾート（resort）」という語は、「再び外出する」や「助けを求めてどこかへ行く」を意味する古いフランス語の「resortir」から派生している。この語源からは、かつて温泉町や海水浴場、田舎の別荘が帯びていた「健康増進」という性質が垣間見える。1950年代のソルトン・シー・リビエラは、アメリカ最大級のリゾートに位置づけられ、ヨセミテ国立公園よりも多くの旅行者を集めていた。ところが、水と砂が汚染された今、切実に助けを求めているのは旅行者ではなく、この世の終わりのように荒れ果てたリゾートのほうだ。

ソルトン湖の誕生

　そもそもソルトン・シー（ソルトン湖）は1905年まで存在しなかった。その誕生は「砂漠の奇跡」と言われているが、昨今では宇宙からも見える「事故」と表現されることが多い。そのほうが事実に即しているが、出現当初の「驚き」は今ひとつ伝わってこない。しかし今となっては、山あいのインペリアル・バレーにカリフォルニア州最大の淡水湖があったことのほうが「驚き」かもしれない。海面より70メートルほど低いコロラド砂漠の盆地で、以前はローム質の砂と青みがかったスモークツリーしかなかったところだ。

　カリフォルニア州の南東の端、メキシコとアリゾナ州に接するインペリアル・バレーは、19世紀末まではほとんど人が住まない不毛の地だった。その後、アリゾナ州ユマにコロラド川の水を引く水路がつくられ、農業用地の灌漑が行われた。このあたりの土壌は粒子が細かいが、十分な水を与えればすこぶる肥沃になる。以来、この谷では、アルファルファやトマト、ビーツ、レタス、イチゴ、アスパラガス、タマネギ、ニンジン、メロン、カンタロープ、ブドウといった作物が栽培され、牛が飼育されてきた。果実や野菜の畑沿いには、カレキシコ、エル・セントロ、インペリアル、ブローリーといった町が発展した。

　ところが1905年、大雨と山地からの雪解け水によってコロラド川が氾濫する。水はインペリアル・バレーの堤防を越え、1年半近くにわたって、勢いを弱めることなくこの谷のソルトン盆地に流れ込み続けた。セオドア・ルーズベルト大統領の指示を受けたサザン・パシフィック鉄道の技師が、荒石や岩や砂を川に投げ込んでどうにか流路を変えることに成功し、ようやく落ち着きが戻った。あとに残されたのは、行き場を失った長さ56キロ、幅24キロの巨大な内陸の湖だった。以後、その青く透明な水は、雨水と山や周辺の農地からの流出水に補充され、ソルトン湖と呼ば

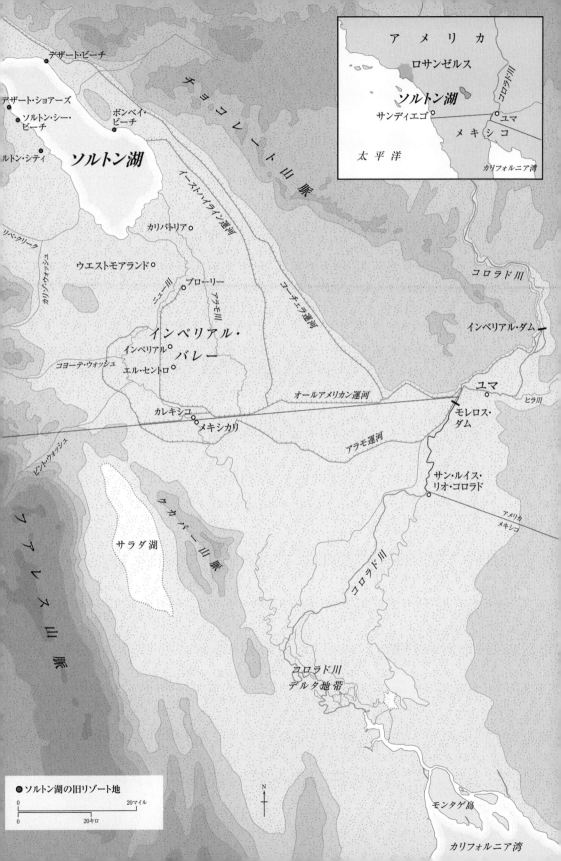

デザート・ビーチ

チョコレート山脈

アメリカ
ロサンゼルス
ソルトン湖
サンディエゴ○
メキシコ
太平洋
カリフォルニア湾
ユマ

デザート・ショアーズ
ソルトン・シー・ビーチ
ルトン・シティ
ボンベイ・ビーチ

ソルトン湖

リベ・クリーク

カリゾ・ウォッシュ

イーストハイライン運河

カリパトリア○

ウエストモアランド○

ブローリー
ニュー川
アラモ川

インペリアル・バレー

インペリアル○
コヨーテ・ウォッシュ
エル・セントロ○

コロラド川

インペリアル・ダム

コーチェラ運河

オールアメリカン運河

ユマ
ヒラ川

カレキシコ○
メキシカリ○

モレロス・ダム

ピント・ウォッシュ

アラモ運河

サン・ルイス・リオ・コロラド○

アメリカ
メキシコ

ククーパー山脈

サラダ湖

コロラド川

フアレス山脈

コロラド川デルタ地帯

●ソルトン湖の旧リゾート地

0   20マイル

0   20キロ

N

モンタゲ島

カリフォルニア湾

れるようになる。

　1920年代には、72キロしか離れていないパームスプリングスがハリウッド貴族たちの健康的な行楽地として大繁盛していたこともあり、ソルトン湖の「砂漠のリゾート」としての将来性は薔薇色にしか見えなかった。釣り人を呼び寄せるために、ニベやイサキ、コルビナ、のちにはティラピアなどの魚が湖に放され、その魚たちがサギやアジサシ、シギなどの渡り鳥を引き寄せて、バードウォッチャーや自然愛好家を喜ばせた。

　第二次世界大戦後の好景気時代には、釣りトーナメントやヨットレース、モーターボートレースが行われていた。ソルトン湖の水は「世界一の速さを実現し」「海抜の低さ……そして水の強度の高さ」が「ボートのプロペラを……がっちり噛み合わせる」と宣伝資料に謳われている。この宣伝文句は、デジ・アーナズ、フランク・シナトラ、ディーン・マーティンをはじめとする「ラット・パック」（シナトラ軍団とも呼ばれる）のような金づかいの荒いセレブを大勢招き寄せた。毎日を気楽に過ごし、レースと水着コンテストにうつつを抜かし、太陽の下で酒に溺れることを何よりも好む連中だ。

　簡素な釣り小屋、軽食堂、土産物店に代わって、湖畔のホテル、レストラン、マリーナがたちまちのうちに開発された。ぴかぴかの新リゾートタウン、ソルトン・サンズとボンベイ・ビーチが湖岸沿いに現れた。「ヘレンズ・プレイス」や「ザ・ホフブロー」ではカクテルや豪華な食事を楽しむことができた。

　さらに価値をつり上げようと、1958年、石油王の億万長者レイ・ライアンとトラブ・ロジャースが湖岸一帯の土地を買収し、200万ドルを費やしてノース・ショア・モーテルとノース・ショア・ビーチ＆ヨット・クラブからなる複合施設をつくる。1962年に開業したこの施設のマリーナは、南カリフォルニア最大級と謳われた。コメディアンのジェリー・ルイスとグルーチョ・マルクスはこのマリーナを贔屓にし、自分の船を停泊させていた。また、ここのダンスホールでは、ビーチボーイズやポインター・シスターズなど、数々のアーティストが演奏を披露した。

上：かつてはリゾートとして栄えたソ
ルトン・シティだが、今やゴーストタ
ウンになっている。

左下：ソルトン・ベイ・モーター・ホ
テルの1960年の絵葉書。ここで
提供されていた娯楽が見てとれる。

湖岸の地獄絵図

　そんな活気に満ち満ちていたソルトン湖だが、悲しいかな、周囲の
環境に翻弄されることになる。1970年代後半、定期的に起きる豪雨と
農業排水によって水位が上がり、湖岸近くの不動産の多くがダメージ
を受けた。その頃までには湖水の塩水化が顕著になり、汚染は危険な
レベルにまで達していた。自然界にある岩塩に加え、化学肥料と農薬
が周囲の農地から湖にゆっくり浸出していたのだ。気温が上昇し、干
ばつもたびたび起こるようになり、自然の流出入口がないソルトン湖
は蒸発し始める。その結果、8093ヘクタールに及ぶ湖底が露出し、有
毒な堆積物が存在感を強めていった。この有毒物質は湖から酸素を奪
い、そのせいで死んだ魚が大量に岸に打ち上げられた。魚たちの死骸
は、行楽客があふれていた湖岸で腐っていった。湖そのものも硫黄臭
を放ち始める。風の強い日には、後退した湖が残した化学物質を含む
有毒な細かい塵が、砂とともに岸に吹きつけられるようになった。

　ハバス湖、エリー湖、デモイン、アイダホ……どこでもいいのだが、
ソルトン湖以外の場所のほうが余暇を過ごすのに魅力的な場所に見え
始めた。来訪者の波は干上がり、緩慢になった。事業は破綻し、銀行
は融資の抵当権を行使し、レストラン、バー、モーテルのシャッター
が下ろされ、かつて地上の楽園だった場所は荒れ果てた地獄に姿を変
えた。現在では、近隣で暮らす者たちにも容赦なく害を与えているよ
うだ。周辺住民の間では、喘息などの呼吸器系疾患の発症率が平均よ
りも高くなっている。

　20世紀半ばの栄光の日々がこの地に戻ってくる可能性はほとんどな
い。それでも2018年、湿地緑化の資金として2億ドルの州予算が成立
した。汚染された砂に含まれる危険な化学物質の拡散を抑えるのが目
的だ。おかげでソルトン湖には、さらなるダメージからは逃れられる
かもしれないという希望が生まれている。

ソルトン・シー・リビエラ

ニュー・ワールド・モール

NEW WORLD MALL

バンコク（タイ）

BANGKOK, THAILAND

快適な買い物の環境を整備することを目的に
ショッピングモールはアメリカで生まれ、世界に広まった。
1982年、バンコク旧市街に建設された、11階建ての
巨大なショッピングモールは、開業当初から
王宮への侮辱と見なされるなど、不運に見舞われた。

　移民にとってホームシックは万国共通の悩みである。ウィーン出身のユダヤ人建築家ビクター・グルーエンのように、あとにしてきた故国の国際色豊かな世界が永久に破壊されてしまうケースも少なくない。戻る場所はもうない。なじみ深い場所も人も消えてしまった。残されたのは、失われたものの記憶だけだ。

　グルーエンは、ナチスがオーストリアを併合した1938年に祖国を去った。左派の知識人だったが、アメリカにたどり着いた時点では英語をひと言も話せなかった。ウィーン美術アカデミーで学んでいた彼は、ウィーンの政治キャバレーに関わり、現代建築と都市計画に関する社会主義ユートピア理論に傾倒していた。そうした理論から生まれたのが、故郷ウィーンの軽やかなガラス張りの店舗の設計だ。移住先のアメリカでも、1年と経たないうちに、ヨーロッパの高級レザー製品を扱う「レデラー・ドゥ・パリ」のアメリカ初店舗となる5番街のブティックの設計を任された。

　1940年代になると、グルーエンは百貨店や衣料品チェーン「グレイソン」などの店舗——ル・コルビュジエを意識したグルーエン自身の言葉を借りれば「売るための機械」——の建築に携わり、ロサンゼルスへ移り住む。映画と自動車で形づくられた太平洋沿いの大都市だ。当時のロサンゼルスは、亡命してきた中欧出身の芸術家が多く住む街でもあった。たとえば、劇作家のベルトルト・ブレヒト、小説家のトーマス・マン、ビッキイ・バウム、アルフレート・デーブリーン、哲学者のテオドール・W・アドルノ、指揮者のブルーノ・ワルター、亡き作曲家グスタフ・マーラーの妻アルマ・マーラー＝ベルフェルなどだ。

サウスデール・センター

　ロサンゼルスに住みついた多くの亡命者たちの例に漏れず、グルーエンもヨーロッパの都市が持つ親密さと和気あいあいとした雰囲気に焦がれていた。パリやウィーンのような、広い歩道と堂々たる広場、そして散歩にうってつけの屋根付きショッピングアーケードがある都市だ。

　グルーエンは『アーキテクチュラル・フォーラム』誌の1943年の記事の中で、のちにアメリカの正統派ショッピングモールの青写真となるアイデアを初めて開陳した。当初は、ロサンゼルスなどの長大なショッピング街や無秩序な繁華街に代わるものとして構想されていた。そうした既存の繁華街に対して、「車でなければ行けず、人と人との触れ合いが少なく、都市のぶざまな広がりを促進するものでしかない」と不満を漏らしていたグルーエンは、都市の大通りから店舗を移

荒れ果てた観光地

チャオプラヤ川

プラピン
クラオ橋

ソムデットプラピンクラオ通り

国立博物館

ワット・
チャナソンクラーム

チャクラポン通り

ニュー・ワールド・
モール

サムセン通り

カイストゥカット通り

ラーチャダムヌンクラン通り

ワット・マハーダート
ユワラートランサリット

サナム・ルアン
（王宮前広場）

ワット・
マハンナパーラーム

ロハ・プラサート
（ワット・ラチャナダラム）

最高裁判所

黄金の丘
（ワット・サケット）

バ　ン　コ　ク

市庁舎

エメラルド
寺院

ワット・スタット・
テープワララーム

マハチャイ通り

王宮

国防省

ファンナコーン通り

アサダン通り

ディナーン通り

ワット・プラ・
チェトゥポン

ワット・アルン
（暁の寺）

マハラート通り

N

500ヤード

500メートル

動させ、歩道や緑樹のある一体型の建物に配置してはどうかと提案した。交通渋滞とは無縁の建物の中なら、歩いて買い物を楽しめるさわやかで快適な場所になるはずだ。くつろいだ時間をカフェなどの施設で過ごすのもいい。社会の重心となる伝統的な中央広場のない郊外なら、親密さやコミュニティの感覚を育めるかもしれない。

　1956年、グルーエンはそのアイデアを実行に移すチャンスを手に入れ、アメリカ初の屋内型ショッピングモールを設計する。それがミネソタ州エダイナのサウスデール・センターだ。このモールは、カフェや彫刻、ユーカリやモクレンに彩られた中庭の庭園を囲むように、エスカレーターで結ばれた2フロアに店舗が並んでいた。屋根が風雨を遮り、建物全体に空調と暖房が備わっている。ミネソタのこの地域の気候は、冬は凍えるように寒く、夏は汗だくになるほど暑い。そのことに目をとめたグルーエンは、このモールに独自の「局所的気候」を与えようと力を注いだ。

　サウスデールはたちまち大繁盛し、戦後の建築物としては屈指の影響を及ぼすことになった。このモールは全米で模倣され、ついには世界中に進出する。1964年までに、アメリカには7600ものショッピングモールができた。その多くは、都市中心部から離れた新興住宅地にサービスを提供するためにつくられたものだ。1972年までにその数は2倍以上に増え、1990年には、平均的なアメリカ人なら地元のモールに毎月4回、足を運ぶまでになった。

　グルーエン自身は1960年代にウィーンへ戻るが、やがて自らの創造物に危機感を抱くようになる。郊外の野放図な拡大の緩和を意図していたのに、逆にそれを悪化させていたからだ。「フランケンシュタインの怪物だ」と非難めいたことも言っている。

魚が泳ぐショッピングモール

　もともとミネソタを念頭に置いて考案されたとはいえ、「温度制御されたショッピング環境」という基本公式は、とりわけ気温の高い国に最適だと証明される。現在、世界最大規模のモールのいくつかは、ドバイ、マレーシア、中国、フィリピン、タイにある。タイのセントラル・ワールドはバンコク最大のモールと謳われ、世界で11番目に大きい。広さ83万平方メートルを誇るこのモールは、「500を超える店舗、100のレストランとカフェ、15の映画館を内包」している。だが、バンコクにあるもう1つのモール、ニュー・ワールド・モールの現状は、あらゆるモールに内在する危うさを奇妙な形で暗示しているように見える。

　ニュー・ワールド・モールはグルーエンの死から2年後の1982年、バンコク旧市街のバンランプー地区で開業した。11階の高さでそびえ立つ、鋼鉄とガラスでできた光り輝く商業の城は、近くにある王宮（18世紀に建てられたシャム国王たちのかつての住居）に対する侮辱と見なされたうえ、まるまる7階分が建築基準に違反していることも発覚する。法律上の大論争を経て、結局このモールは1997年に閉鎖に追い込まれた。おまけに何者かが1999年に放火し、問題のフロアは解体された。

　あとに残された4階分の構造は屋根のないまま放置され、何度かのモンスーンの豪雨のあと、すぐに水でいっぱいになった。買い物客がかつて高級品を眺めていた区画は、蚊を引き寄せるよどんだ水たまりに姿を変えた。マラリアを媒介する害虫を自分の敷地に入れたくなかった近隣の企業や住民は、安上がりだが効果的な方法を探した末に、ほとんどやけっぱちでコイ、ティラピア、ナマズなどの魚を大量に放流した。この型破りな「水族館」は10年以上にわたって栄えたが、とうとうバンコク首

荒れ果てた観光地

都庁の堪忍袋の緒が切れ、2015年に建物の排水と魚の捕獲が行われた。魚たちは調査のためにタイの漁業当局に送られたあと、このあたりの別の水域に放された。

　放棄されたモール本体は、取り壊しの可能性を残したまま、運命のときを待っている。アメリカの先輩モール、それどころか最新モールの多くも、同じ運命をたどっている。郊外の衰退、オンラインショッピングへの移行、社会や人口構成の変化などによって、全米で数百に上るモールが閉鎖され、まだ残っているモールも、少なくとも半分は今後10年を生き延びられないと見積もられた。この見積もりが出たあと、新型コロナウイルス感染症によるパンデミックが起こり、モールの余命はさらに短くなっている。

　しかし、モールという発想やその理想は、誕生から60年以上を経てもなお、モールで青春を過ごした人たち——友人とフードコードをふらつき、小遣いを「ホット・トピック」のバンドTシャツに注ぎ込んだ人たち——の胸のうちに、ウィーンのアーケードに焦がれたグルーエンとまったく変わらぬ感情——郷愁とホームシックの感情を呼び起こす力を持っている。

下：蚊の発生を抑えるために導入された魚たちも、2015年にとうとうモールから取り除かれた。

クパリ

KUPARI

クロアチア

CROATIA

贅を尽くしたグランド・ホテルのあるクパリは、
チトー大統領をはじめ選ばれた客が集まる超高級リゾートだった。
ソ連崩壊をきっかけに始まった紛争の中、この地を爆撃したのは
ユーゴスラビア人民軍だった。彼らはつい先日まで、
この場所で幸せな夏を過ごしていたのに。

ドブロブニクの数キロ南、ジュパ湾に面する小さな漁村だったクパリは、第一次世界大戦の直後にリゾートとしてスタートを切った。戦中戦後に流行した結核などの症状を緩和する治療法として、太陽と海風と海水浴が推奨されることが増えてきた1919年、チェコのとある投資家が、アドリア海沿岸部のダルマチアの牧歌的な砂浜にホテル建設の可能性を見出した。

彼の築いたホテルは、名前も性質も「壮大（グランド）」なものとなる。白い化粧漆喰をまとった、壮麗で手の込んだ新古典主義のその建物は、オーストリアとハンガリーの旧世界的な優美さに敬意を表したものだった。だが同時に、その存在は新世界の秩序に対する信念を強調してもいた。新世界とは、クロアチアがハプスブルク家の支配から解放され、新生の独立国家、すなわちユーゴスラビア王国の一部となった世界である。

ユーゴスラビア軍の保養地

クパリはしばらくの間、超高級リゾートの地位を守ることになる。贅を尽くしたグランド・ホテルには、宮殿のようでありながら落ち着いた雰囲気を大切にする、選ばれた客が集まった。グランド・ホテルでの滞在をことのほか好んだ客の1人が、ヨシップ・ブロズ・チトーだった。

第二次世界大戦後に建国されたユーゴスラビア社会主義連邦共和国の初代大統領チトーは、1980年に死去するまで、事実上の独裁者として君臨することになる。1960年代には、チトーや共産主義政権の官僚たちが、計画経済に伴う専門化の精神のもと、クパリをユーゴスラビア人民軍（JNA）で軍務に就く者たちの休日のリゾート地に指定した。

当然、チトー配下の高級将校たちはグランド・ホテルに滞在してバケーションを楽しんだ。一方、一般の兵士たちのためには5軒のホテル——ペレグリン、クパリ、ムラドスト、ゴリチナⅠおよびⅡ——とキャンプ場が建設され、その後20年にわたって兵士たちのニーズに応え続けた。現在の価値で5億ユーロに上る資金は、すべて軍が出資した。軍の外部の者が滞在許可を得るのは難しかったものの、1980年代までに、クパリのホテルには国外の客からも予約が入るようになっていた。ほどなくして、ユーゴスラビアはイギリスの休日行楽客に人気の行き先として、スペインと肩を並べるまでになる。

だが、ソ連の崩壊をきっかけに、ユーゴスラビアを構成するクロアチア、ボスニア、セルビアの各民族間で長年くすぶっていた緊張が沸騰し、1991年にクロアチア紛争（クロアチア独立戦争）

荒れ果てた観光地

上：かつては人気の観光地だったクパリの建築物は、ドブロブニク包囲戦で破壊された。

右：崩壊寸前のホテルの内部では、今でも豪奢な過去の面影が見られる。

が勃発する。ドブロブニク包囲戦の際、クパリの主要ホテルをクロアチア軍が占拠したことから、JNAは自ら出資したリゾート、つい先日まで自軍の兵が幸せな夏を過ごしていたリゾートを爆撃することになった。だが、木漏れ日に包まれた甘美な記憶をもってしても、この町を掌握したJNAに白リン弾攻撃を思いとどまらせることはできなかったようだ。

戦火に焼かれて

　紛争の直後、クロアチア軍はこのリゾートに基地をつくり、2001年まで駐留した。ドブロブニクは苦しみながらも復興してかつての栄光を取り戻し、人気テレビシリーズ『ゲーム・オブ・スローンズ』のロケ地になったことで、観光業も飛躍的に勢いづいた。だが、爆弾で叩きのめされ、戦火で荒廃したクパリのホテルは、そうした関心や注意を得られていない。

　休止状態のまま放置されているグランド・ホテルを除いて、すべて

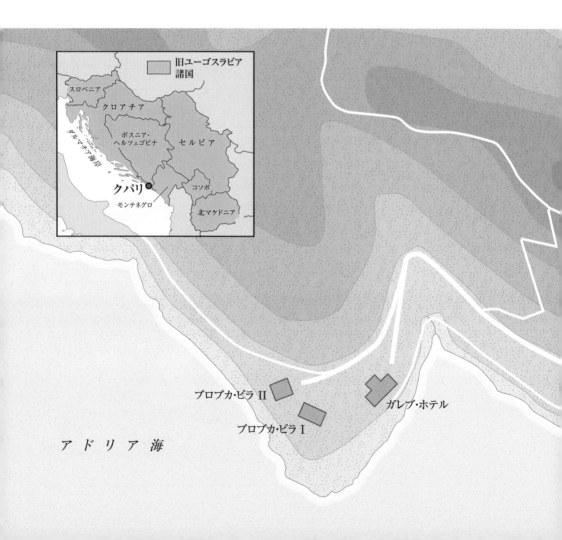

のホテルは解体リストに入れられている。解体はクパリを再び観光マップに戻すための計画の一環であるが、いまだに実現していない。弾痕が残るコンクリートのファサード、ゴミが詰まってひび割れたスイミングプール、爆撃で破壊されたボールルームの悲しい光景は、かつて平和と喜びのために捧げられた場所に人間と武器弾薬がどれほどの破壊をもたらすことができるか、そのダメージのほどをありありと伝えている。

グランド・ホテルが最初にドアを開けてからほぼ100年経った今、クパリ復活の希望はついえてはいない。その美しいビーチは最盛期に劣らず魅力的で、観光客でごった返すアドリア海の近隣のビーチを逃れてひと息つく場所を、今なら提供できるかもしれない。

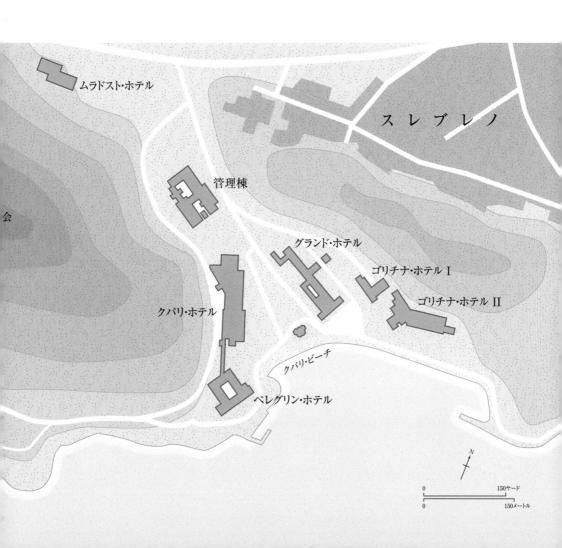

ヘリニコン・オリンピック複合施設

HELLINIKON OLYMPIC COMPLEX

アテネ（ギリシャ）

ATHENS, GREECE

古代オリンピック発祥の地オリンピアにほど近いアテネで、
近代オリンピックが開催されたのは2004年のこと。
最新鋭のスポーツ施設を建造するため、
当初想定していた額の2倍に上る、1兆4000億円を費やす。
それはギリシャ国民の誇りとして輝いた。

近代オリンピックの父ピエール・ド・クーベルタンは、「何よりも重要なこと」は「勝つことではなく参加すること」だといつも好んで主張していた。とはいえ昨今では、どの都市がオリンピック開催の栄誉を勝ち取るかが、トラックやフィールド、プール、体育館での競技に劣らず熾烈になっている。しかし、招致レースの勝者が手にする戦利品は、必ずしも金色に輝いているわけではない。それを示すのがヘリニコンの物語だ。

近代オリンピックの名前のもとになった競技会の舞台は、古代ギリシャである。開催場所はいつも同じ、ペロポネソス半島西部の都市国家エリスの聖地オリンピアだった。現代に受け継がれる競技会と同じく、古代オリンピックも4年ごとに開催されていた。その起源は、ギリシャ神話の男神や女神の父たるゼウスを称える宗教的祝祭にある。伝承によれば、各種のスポーツが加わったのは、コロイボスという料理人が1スタディオン（約190メートル）の短距離走で優勝した紀元前776年以後のことだという。

だが、体力と運動能力が崇高さと同一視され、有益な人間の必須要素とされていた軍事社会では、精神的にも政治的にも、スポーツが儀式の重要な構成要素となることが少なくなかった。古代ギリシャのオリンピック・チャンピオンは神の

ように扱われ、オリーブの葉の冠をかぶり、賞品を山ほど与えられ、その偉業はピンダロスなどの詩人の手による詩句で称えられた。

紀元前146年にギリシャがローマに征服されたあとも、オリンピックは続いた。ローマ帝国全土から競技者が参加できるようになり、それに伴って間口も広がった。だが、オリンピックの高潔さは損なわれ始め、その道徳的な威信はローマ皇帝ネロの時代、地に堕ちた。西暦67年、戦車競走に出場したネロは、ゴール前に戦車から落ちたにもかかわらず、自らを勝者と宣言したのだ。そして、後代の皇帝テオドシウス1世により、オリンピックはついに終焉を迎えることになる。キリスト教をローマ帝国の国教としたテオドシウス1世は、オリンピックを野蛮な時代を引きずる危険な異教の祭典と見なし、394年にこの競技会を廃止する命令を下したのだ。

オリンピックの復活

オリンピックが復活するまでには1500年以上を要した。その復興の原動力となったのが、小柄な元フランス貴族で、教育者に転身したクーベルタンだった。立派なカイゼルひげを生やし、社会における組織的な競技の価値を信じていたクーベルタンは、面白いことに、一般に「筋肉的

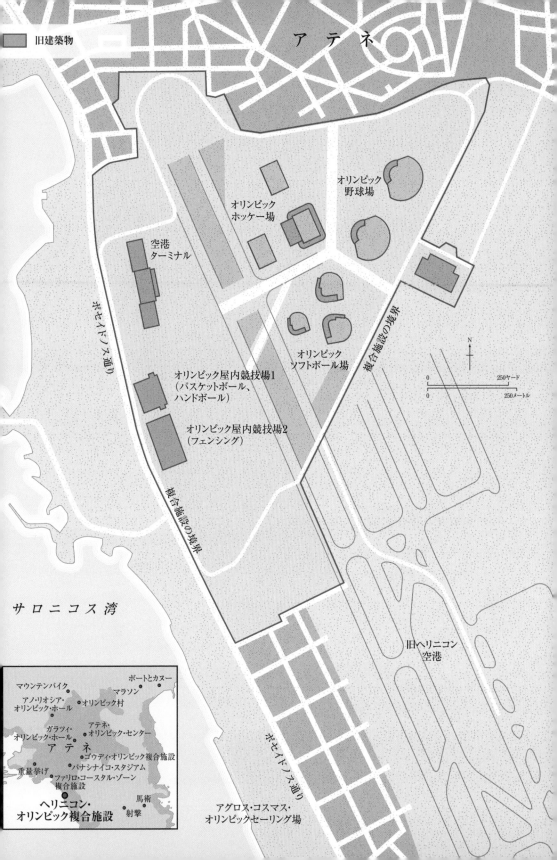

アテネ

旧建築物

オリンピック
野球場

オリンピック
ホッケー場

空港
ターミナル

複合施設の境界

オリンピック
ソフトボール場

N

0   250ヤード

0   250メートル

オリンピック屋内競技場1
（バスケットボール、
ハンドボール）

オリンピック屋内競技場2
（フェンシング）

複合施設の境界

旧ヘリニコン
空港

サロニコス湾

ボートとカヌー
マウンテンバイク   マラソン
アノ・リオシア・   オリンピック村
オリンピック・ホール
ガラツィ・   アテネ・
オリンピック・ホール   オリンピック・センター
アテネ
    ゴウディ・オリンピック複合施設
    パナシナイコ・スタジアム
重量挙げ   ファリロ・コースタル・ゾーン
    複合施設
        馬術
ヘリニコン・   射撃
オリンピック複合施設

アグロス・コスマス・
オリンピックセーリング場

キリスト教」と呼ばれる思想に影響を受けていた。この思想は、偉大な教育者として名高いトマス・アーノルド校長がイングランドのラグビーにある公立学校で確立した教育カリキュラムと密接に結びついており、1857年に小説『トム・ブラウンの学校生活』によって世間一般に広まった。この本はラグビー校の生徒だったトマス・ヒューズが書いたもので、小説というよりは、「チームスポーツと競技が優れた人格を育成する」と説いた指南書の趣きが強い。クーベルタンは12歳のときに初めてこの小説のフランス語版を読み、生涯を通じて計り知れない影響を受けることになる。「聖地」のラグビー校と、校内の教会にあるアーノルドの墓を巡礼したほどだ。

　1890年、イングランドを訪ねた別の機会に、クーベルタンはシュロップシャーのマッチ・ウェンロックで開催されたオリンピアン風の競技会を観戦した。30年前から開かれていたその大会は、社会改革主義者で医師のウィリアム・ペニー・ブルックス博士が立ち上げたものだった。これと同じようなものを国際的な規模で実施するべきだと、ブルックスはクーベルタンを説得した。

　こうしてクーベルタンはその夢の実現に身を捧げ、4年後にパリのソルボンヌ大学で開かれた国際運動競技会議において国際オリン

下：ヘリニコンのオリンピック野球場。
現在は空っぽで、使われていない。

ピック委員会が創設された。だが、フランスの首都で復活させる心づもりだったクーベルタンに対し、委員会のメンバーはそもそもの起源に敬意を表し、ギリシャへ戻るべきだと提案する。発祥地オリンピアの都市は発掘されたばかりの遺跡が残るだけなので、1896年の最初の近代オリンピックはアテネで開催されることとなった。この大会には6万人を超える観客が集まり、13の国を代表する280人のスポーツマン（女性は4年後まで参加を認められなかった）が競い合った。

アテネ五輪の負の遺産

　その後、オリンピックはまた108年の間ギリシャに戻らなかった。ようやく帰郷したのは、アテネがローマをはじめ、ケープタウン、ストックホルム、ブエノスアイレスといった招致レースのライバルを僅差で破り、2004年オリンピックを開催したときのことだった。ギリシャ政府はアテネのすぐそば、ヘリニコンの空港跡地に、世界がうらやむ最新鋭のスポーツスタジアムの数々を建設すべく力を注いだ。このプロジェクトには1兆4000億円程度の資金が費やされ、オリンピックの最終的な費用は予想されていた額の2倍に上った。

　開催当時、ギリシャ国民は少なからぬ誇りを感じていた。施設は一級品で、地元の交通インフラも計画の一環として大きく改善された。ギリシャは国として、先人たちには想像もつかないほど壮大なスポーツの祭典の舞台になるという栄光に浴した。それは得るべくして得た栄光だったが、ギリシャ経済が崩壊した2008年の金融危機のあと、オリンピックに注いだ過剰なまでの公共支出から生まれた長期的なコストに、多くの人が疑問を持ち始める。施設を維持するだけの資金はもはやなく、大規模なスポーツ大会が行われない状況でほとんどが無用の長物と化していることも、傷口にさらに塩を塗った。

　再開発計画の可能性はあるものの、本書の執筆時点では、ヘリニコンの水泳やカヌー競技用の施設は、水が抜かれて塵が積もったままだ。かつては歓声を上げる観客で埋め尽くされた階段状の客席には、雑草が進出している。ソフトボールスタジアムとビーチバレーコートでも、同じような放棄と腐朽の図が見られる。そのすべてが、はるかに古いオリンピアそのものの遺跡を不気味に思い起こさせる。2004年のオリンピックでは、オリンピアに残る古代のスタジアムの遺跡で砲丸投げの競技が行われた。そのスタジアムも、以後はまた見捨てられている。

　オリンピックは昔から、勝利と悲劇の物語だった。1937年にほぼ一文無しで世を去ったクーベルタンは、自身が創設に貢献した国際オリンピック委員会によって、ほとんど脇に追いやられていた。オリンピックゲームには、常に敗者が存在する。それがこの世の真理なのだ。

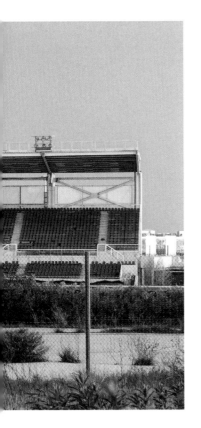

ヘリニコン・オリンピック複合施設

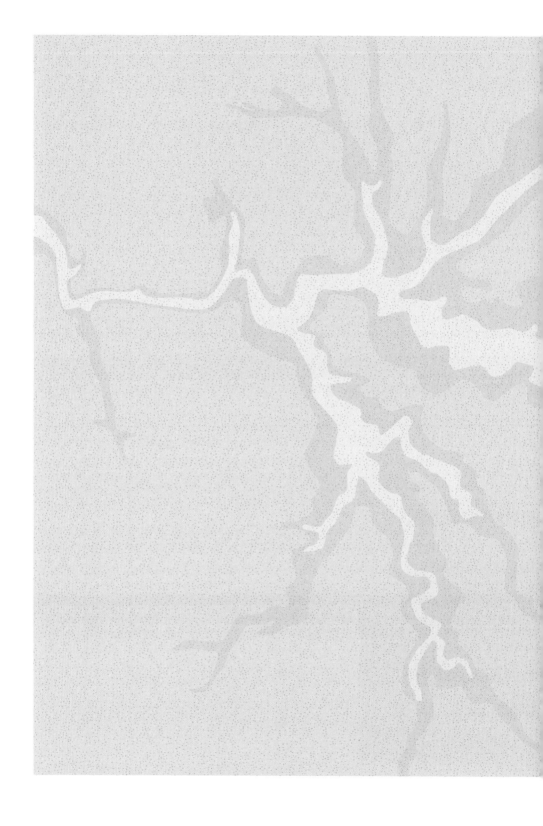

旅の終わり

JOURNEYS ENDED

ニコシア国際空港

NICOSIA AIRPORT

キプロス

CYPRUS

富豪たちの静養地キプロス。
その玄関口として整備されたニコシア国際空港には
数々の有名人が降り立ち、休暇を過ごした。
旅行者の増大に対応すべく拡張を検討していた矢先、
この空港、そしてこの国は悲劇に見舞われる。

ギリシャ神話では、キプロス島は愛と美と豊穣の女神アフロディテの生地とされている。伝説によれば、アフロディテはパフォス近くの、波立つ海の泡から生まれたという。さもありなんと思わせる話だ。なぜなら、西洋と東洋が交差し、ヨーロッパ、アジア、アフリカの各大陸の合流点に位置する地中海のキプロス島は、何といっても魅惑的な場所なのだから。キプロスの海岸線は年間300日以上陽光を浴びる砂浜に縁取られ、壮観な山々、樹脂が芳香を放つキプロス杉の森、ギンバイカの木立、リンゴの果樹園、ブドウ園などが、この島には点在している。

一方で、そうした風景には、森や銅山や農耕の繁栄だけでなく、征服と紛争が傷跡を残す1万年にわたる歴史も刻み込まれている。先史時代の遺跡、古代ギリシャ・ローマ時代の神殿や浴場、ビザンチン時代の教会とモザイク画、中世の城、フランク人やベネチア人が建てた防壁、オスマン帝国のモスク、大英帝国の公園と庭園——これらすべては、色彩に富んだキプロスの魅力を高める一方で、血塗られた出来事、高尚な芸術、そして低俗な地政学・宗教上の陰謀に満ちた過去を伝えてもいる。

1974年以降、この島は少数派のトルコ系が支配する北キプロス・トルコ共和国と、多数派のギ

リシャ系からなる南部のキプロス共和国に事実上分裂している。その現状は、ここに至るまでの分断をありありと示している。しかし、この島が過去半世紀にくぐり抜けてきた嵐を象徴するものの中で、ニコシア国際空港ほど生々しいものはないだろう。

富豪たちの静養地

ニコシア空港はキプロスの首都ニコシアの西8キロに位置し、その起源は1930年代までさかのぼる。第二次世界大戦中に同盟を結ぶアメリカ空軍に使用されたのち、1940年代後半から50年代はじめのジェット機黎明期には、地中海沿岸やその先へ向かう民間旅行のための施設が明らかに不足していたことから、再び表舞台に登場した。

時代をさかのぼると、キプロスは1878年からイギリスに占領され、1914年の第一次世界大戦開戦時に併合されたが、1960年に独立を勝ち取った。1960年代には、敵対するギリシャ系住民とトルコ系住民の武力衝突が汚点を残したこともあったが、キプロス島は華やかな富豪たちに人気の静養地に姿を変え、ブリジット・バルドー、リチャード・バートン、エリザベス・テイラーといった数々の有名人が休暇を過ごした。彼らの

旅の終わり

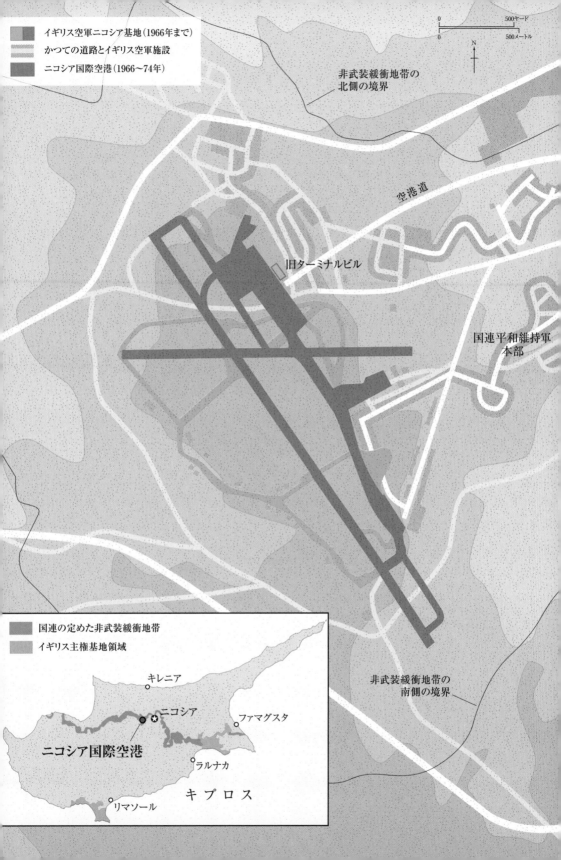

イギリス空軍ニコシア基地（1966年まで）

かつての道路とイギリス空軍施設

ニコシア国際空港（1966〜74年）

0　　　　　　　　　　　500ヤード
0　　　　　　　　　　　500メートル

N

非武装緩衝地帯の
北側の境界

空港道

旧ターミナルビル

国連平和維持軍
本部

国連の定めた非武装緩衝地帯

イギリス主権基地領域

キレニア

ニコシア

ファマグスタ

ニコシア国際空港

ラルナカ

キ　プ　ロ　ス

リマソール

非武装緩衝地帯の
南側の境界

晶屓のおかげで、それほど華やかではない一般人もこの地を訪れる
ようになり、1968年には、世界各地からの旅行者の波に対応しよう
と、センサー式の自動ドア、しゃれたキオスクや店舗、レストラン
を備えた新しい空港ターミナルがニコシアに開業した。観光業は繁
栄を続け、ニコシア空港はターミナル開業から6年経たないうちに、
発着容量を11機から16機まで増やすべく、さらなる拡張を検討し
始めていた。

キプロスの分裂

　だが不幸なことに、増大していたのは訪問客数だけではなかった。
1974年7月、エスカレートしていた民族間の緊張がついに爆発し、
ギリシャの軍事政権の支援を受けたギリシャ系民族主義グループ
が、マカリオス大統領とその政府に対してクーデターを起こした。
それを受けてトルコも侵攻を開始する。迫りつつある戦争から逃れ
ようと、外国人や夏の行楽客が大挙してニコシア空港に押し寄せ、
大混乱に陥った。空港周辺の至るところが戦場と化し、管制塔と滑
走路は空爆にさらされた。

　国連平和維持軍の介入により、ようやく、交戦中の2つの地域の
間に「グリーンライン」と呼ばれる非武装緩衝地帯が設けられた。

下：ニコシア空港の放棄された管制
塔。現在は国連の定めた非武装緩衝
地帯の内側に入っている。

だが、まさにその地帯に位置していたのが、ニコシア国際空港だったのだ。以来、この空港は一時停止したアニメ動画のように存在を続け、70年代の航空業界の遺物として、トロリーバッグと磨き上げられた休憩ラウンジの光沢を永遠に放ち続けている。タールマック舗装の滑走路には、キプロス航空の錆びついたトライデント・ジェット機が、紛争中に「部品取り機」となったまま、離陸の最終許可を待つかのように今もたたずんでいる。

　残念ながら、キプロス島再統一の可能性は、この飛行機が離陸する可能性と同じくらい低そうだ。とりわけ、エルシン・タタールが北キプロスの大統領になった2020年10月の選挙後は、統一の公算がさらに低くなっている。タタール大統領は、分裂したキプロスの現状維持に力を注ぐトルコのレジェップ・エルドアン大統領とも親しい、強硬右派の人物なのだ。

下：割れた窓から見える空港ターミナルの内装。かつての用途がかろうじてうかがえる。

ニコシア国際空港

ウユニ車両墓地

UYUNI TRAIN GRAVEYARD

ボリビア

BOLIVIA

19世紀後半、硝石戦争に負けて海を失ったボリビアが、
海を持つチリとの間に鉄道路線を敷設。
海抜4000メートル近い山地を抜ける路線だったが、
大統領の後押しもあって難工事を見事にやり抜き、
鉄道の拠点となったウユニは鉄道景気に沸いた。

チョリータ（先住民族アイマラ族出身のボリビア人）はその民族衣装によって、世界でもひときわ見分けのつきやすい人々と言える。鮮やかな色の糸で織られたドレスやマント、スカーフ、頭のてっぺんにちょこんと載せた黒や茶色の山高帽は、特に有名だ。だが、スペイン語で「ボンビン」と呼ばれるその山高帽は、厳密に言えば南米で生まれたものではない。一般には、イギリスの兵士で政治家のエドワード・クックが考案者とされている。

1849年、クックはロンドンのセントジェームズ・ストリートにあるロック＆コー・ハッターズの職人に、猟場番人の頭を守る帽子をつくってほしいと依頼した。敷地内の林ややぶの低く垂れた枝が邪魔をして、番人たちの帽子はしょっちゅうはたき落とされたり破れたりしていたからだ。仕事を依頼された帽子職人のトマス・ボーラーとウィリアム・ボーラーが製作したのが、今ではおなじみとなった、てっぺんが丸くてつばの狭い「ボーラー」ハットだ。この帽子はいっとき大流行し、都市部ではピンストライプのスーツにボーラーハットを合わせない紳士はいないほどだっ

た。巻き上げた傘にこの帽子を組み合わせることも多く、どちらもロンドン名物の雨をしのぐのに役立っていた。

だが実を言えば、ボーラーハットをボリビアに伝えたのは、猟場番人でもオフィスワーカーでもなく、鉄道労働者だったとされる。言い伝えによれば、商売上手なマンチェスターの紳士服販売業者が、南米で働くイギリス人技師の頭には小さすぎる帽子の在庫を抱えていて、「ヨーロッパ社交界の淑女たちに人気のファッションだ」という触れ込みで、ボリビア人の客に売り始めたのがきっかけだという。

硝石戦争

ことの真偽はさておき、とにかくボーラーハットはアイマラ族に受け入れられ、ボリビア全土でかぶられて、今も国民の誇りとなっている。19世紀後半、イギリスはやや強引な形でボリビアに関与したのだが、ボーラーハットはその無害な遺産として受け継がれているわけだ。

当時、ロンドンの株式市場では、チリ北部の太平洋沿岸にある港町アントファガスタからボリ

右：ウユニ郊外に横たわる
錆びついた古い機関車。

フリアカ

チチカカ湖

プノ

ペルー

グアキ

★ラパス

ビアチャ

ボリビア

コロコロ

コチャバンバ

アラニ

チャラナ

タクナ

オルロ

アイキレ

アリカ

ウニカ

ポーポ湖

スクレ★

コイパサ
塩原

ピサグア

ムラトス

ポトシ

イキケ

ウユニ塩原

ウユニ車両墓地

ウユニ

太平洋

アトーチャ

オリャグエ

チグアナ

ツピサ

トコピリャ

コンチ陸橋

ビリャソ

カラマ

アルゼンチン

N

アントファガスタ

チリ

アタカマ塩原

アンデス山脈

ビアの首都ラパスまで走る鉄道の建設・運営の資金が集められていた。広大なウユニ塩原の端に新たにできたウユニ町の駅は、その路線の中間地点に位置する主要な乗換駅として機能し、ある歴史学者に言わせれば「ボリビアのクルー（イングランド北西部の重要な鉄道乗換駅）」になるはずだった。

　この建設プロジェクトの核心は、貴重な資源を運搬することだった。具体的には硫黄、ホウ砂、銀などだが、何よりも重要だったのがチリ硝石（硝酸ナトリウム）だ。この鉱石は当時、生命を育む肥料としても、生命を奪う爆薬としても使われていた。ペルー南部からチリ北部にかけて広がるアタカマ砂漠は、チリ硝石の世界最大の鉱床だった。チリ硝石は「白い金」と呼ばれ、その供給を確保するための争いは本格的な戦争へと発展する。

　ボリビア・ペルー連合軍対チリの太平洋戦争（ときに硝石戦争とも呼ばれる）の嵐は、1879年から1883年まで4年にわたって吹き荒れた。結局、ボリビアは屈辱的な敗北を喫し、鉱物に富んだ貴重な領土をチリに譲ることを強いられた。さらに、1884年の停戦協定で沿岸部の領土をすべて失った結果、国土は陸に囲まれることとなった。にもかかわらず、ボリビアは今日まで海軍を維持し、海のない国土でありながら、強情にも（そしてチャーミングでもあるが）、毎年3月23日に「ディア・デル・マール（海の日）」を祝うことを続けている。

　硝石戦争の直後、ロンドンの支援を受けるアントファガスタ・ボリビア鉄道会社が、国をまたいだ新路線の敷設に着手する。プロジェクトは現代化を進めるボリビアのアニセト・アルセ大統領が後押しし、チリ政府の合意も得られていた。高いところで海抜3962mの山地を抜けるこの路線の建設はかなりの難事業で、コンチでは鋼鉄の構脚で支える壮大な陸橋をつくる必要があった。全体を指揮をとったのは、経験豊富なニュージーランド生まれのイギリスの技師で地図作成者のジョサイア・ハーディングだ（彼はそれに先立つ1877年に、アタカマ砂漠の調査報告書を王立地理学界発行の学術誌に発表している）。1889年10月30日、最初の列車がウユニに到着すると、その後、ウユニの町は鉄道景気に沸くこととなった。

放棄された鉄道

　栄華の名残は、現在のウユニから1.5キロほどのところで垣間見ることができる。そこには、行き先のない歪んだ線路の上に、使われずに錆びついた蒸気機関車、空っぽの貨車や客車がずらりと並んでいる。その多くが、産業時代最盛期のイギリスの車体製作、鋳造工場、車両基地の系譜をはっきりと伝えている。

　第一次世界大戦の直前、ドイツのフリッツ・ハーバーとカール・ボッシュが合成した安価で大量生産可能な人工硝酸塩が市場に出回ると、チリ／ボリビア産の硝石の需要はやせ細った。そのためにつくられた鉄道もまた、鉱山の閉鎖とともに急速に衰退する。ジョサイア・ハーディングがボーラーハットをかぶっていたかどうかは記録にないが、鉄道労働者たちの頭の装備は、彼らが地球を半周して建設した線路よりも長く、永遠に栄えることとなった。ウユニ車両墓地はそのことを証明しているかのようだ。

クリスタル・パレス地下道

CRYSTAL PALACE SUBWAY

ロンドン（イギリス）

LONDON, UK

宝石のように美しい建造物クリスタル・パレス。
そこにたどり着くための道はきつい上り坂だった。
そこで、パレスにほど近い場所に駅を設け、
パレスとの間を地下道でつないだ。
この地下道がまた、壮麗で美しい。

地下道とはそもそも、特定の場所と場所の間にある空間だ。普通なら、それ自体が目的地ではなく、地下を通ってA地点からB地点へ移動するための便利な手段として使われる。その機能性の極致とも言える形態が、開削工法でつくられたコンクリートの歩行者用地下道だろう。その絶対的な空白は、ほとんど別世界のようにも見える。だが同時に、戦後の都市開発の時代——地上を走る石油動力の乗り物が高速で移動するのを助けるために、歩行者たちがペルセポネさながらに地下世界へ追放されていた時代を思い起こさせるものでもある。

1865年に完成したロンドンのクリスタル・パレス地下道は、ある意味では鉄道から道路への移行の犠牲者と言える。地上の新駅と連結するこの地下道がつくられたのは、ひとえに一等車の乗客が駅からクリスタル・パレス（水晶宮）まで直接、かつ悠々と歩けるようにするためだった。

パレスの移転

造園家で技師、建築家でもあったジョセフ・パクストンが設計したクリスタル・パレスは、ガラスと鋳造・鍛造鉄骨を組み合わせたプレハブ建築だ。シンデレラの靴のようなこの建物はもともと、1851年の万国博覧会のためにハイド・パー

クに建てられたものだ。この貿易と産業の国際的祭典は、アルバート公肝入りのプロジェクトであった。40あまりの国から1万5000点を超える展示品が集まり、パクストン設計の壮麗なホールのガラス天蓋の下で、「コ・イ・ヌール」ダイヤモンドや最初のガスこんろが展示された。だが、展示が終わると建物全体が解体され、当時はほとんど未開発だった南のノーウッドに移された。

1.5倍のスケールで再建されたクリスタル・パレスは、新しいアミューズメントパークの中心でコ・イ・ヌールばりの宝石のような存在になる。1854年に開業し、「実例つきの百科事典」と宣伝されたこのアミューズメントパークは、高級版遊園地を意図したもので、噴水を配した幾何学式庭園、本格的な古代エジプト宮殿のレプリカ（大英博物館所蔵の本物の遺物から型を取った石棺まである）、緑豊かな庭園をうろつく実物大の恐竜の模型をパーク内に備えていた。

その洗練されたアトラクションの中でも目玉となったのが広範囲にわたるクラシックコンサートで、ドイツの作曲家ヘンデルの音楽を特集した一連のフェスティバルは1920年代まで続いた。大ホールでは、ヘンデルにちなんで名づけられ、ロンドンの楽器メーカーのグレイ＆デイビソンが製造した手鍵盤4段の巨大なオルガンが最高の場

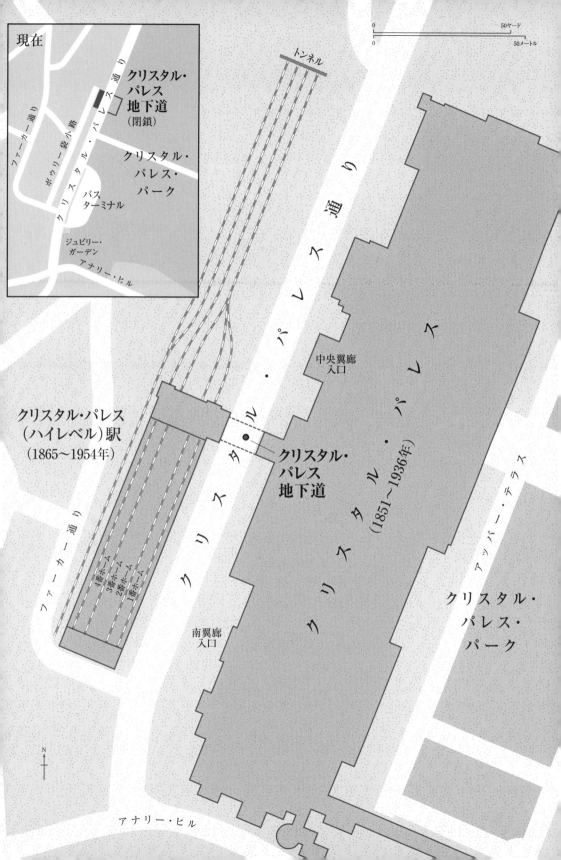

現在

クリスタル・
パレス
地下道
（閉鎖）

クリスタル・
パレス・
パーク

バス
ターミナル

ジュビリー・
ガーデン

アナリー・ヒル

ファーカー通り

ボウリー袋小路

クリスタル・パレス通り

トンネル

0　　　　　　　　　　　　50ヤード
0　　　　　　　　　　　　50メートル

中央翼廊
入口

クリスタル・パレス通り

クリスタル・パレス・テラス

クリスタル・
パレス
（ハイレベル）駅
（1865〜1954年）

クリスタル・パレス

クリスタル・
パレス
地下道

クリスタル・パレス
（1851〜1936年）

クリスタル・
パレス・
パーク

4番ホーム
3番ホーム
2番ホーム
1番ホーム

ファーカー通り

南翼廊
入口

N

アナリー・ヒル

所に陣取っていた。

　パクストンとその支援者がパレスの新しい立地に南郊のこの場所を選んだ理由の1つは、ロンドン・ブライトン＆サウス・コースト鉄道の路線が近くを通っていたことにある。そこで、パークの足下にも駅がつくられた。当初は、ペンジの森を抜けてシデナム駅に至る短い支線で既存の鉄道網とつながっていた。1860年までに、クリスタル・パレス駅にはビクトリア駅とウエストエンドからの直通列車が定期的に来るようになっていたが、それでもまだ乗客は丘のふもとで降ろされ、傾斜のきつい450メートルほどの丘を登らなければ、パレスそのものにたどり着けなかった。

　そこに商機を見出したロンドン・チャタム＆ドーバー鉄道会社は、ペッカムライからの支線を延伸し、パーク西のダリッジ側にあるクリスタル・パレス通り沿いにクリスタル・パレス（ハイレベル）駅を設ける。おかげで、徒歩で坂を登る苦労が軽減された。4路線が乗り入れるこのターミナル駅は、イタリア風の赤とテラコッタ色の煉瓦、4つの角櫓を頂いた塔、ガラスと鉄の屋根からなる豪勢かつ広大な空間で、チャールズ・バリー（オーガスタス・ピュージンとともに、ウエストミンスター宮殿とその時計塔「ビッグ・ベン」を手がけた建築家）の息子エドワード・ミドルトン・バリーの製図板から立ち現れたものだ。

壮麗な地下道

　そして、クリスタル・パレス通りの下に、地元の歴史学者アラン・R・ウォリックの言葉を借りれば「ファラオの墓のように」隠されていたのが、クリーム色と赤の煉瓦でできたボールト天井を頂く地下道だ。ビザンチン建築の図案を採用したその地下道は、クリスタル・パレスそのものに劣らないほどの壮麗さを誇り、一等車の切符を持つ人の専用回廊として、パクストンのつくったガラスのア

旅の終わり

148

ミューズメント施設につながっていた。

　地下道は当初、エドワード・バリーの設計と思われていたが、のちに、ダリッジ・カレッジとその公園を手がけたチャールズ・ジュニア（エドワードの兄）の設計とされ、それについては現在も意見が割れている。また、あの見事な図案の煉瓦は、地元の煉瓦職人が足下にも及ばない「イタリア出身の大聖堂の煉瓦職人」の作品らしいが、そちらも実証するのは簡単ではない。誰が考案して築いたにせよ、1936年11月30日の火災でクリスタル・パレスが焼失したあと、この地下道の意義は大きく低下する。5500人の消防士と90台の消防車をもってしても消し止められなかったその大火は、ウィンストン・チャーチルをして「一時代の終わり」と言わしめるほどの悲劇だった。

　第二次世界大戦中、敵の爆撃機を導く灯台になりかねないとの懸念から、パークにあった2本の新古典主義の給水塔（イザムバード・キングダム・ブルネルの作品）が取り壊され、それに伴い駅も閉鎖されたが、地下道はその後も防空壕として使われた。戦後の再開時には、この駅を訪れる人の波は衰え、ほとんど途絶えてしまった。近隣の住人たちも今後は車で通勤するようになると予想されたことから、クリスタル・パレス（ハイレベル）駅は1954年に閉鎖された。

　駅と線路は新たな住宅に取って代わったが、地下道には執行猶予が与えられ、1972年以降、第2級指定建造物になっている。破壊行為を防ぐために煉瓦で塞がれたこのビクトリア朝時代の遺物は、奉仕するはずだった駅も宮殿もなくなった宙ぶらりんの状態のまま存在している。一般に公開されることはめったにないが、構造的にはそれなりに頑丈さを保っている。1996年には、ダンス・アクトのケミカル・ブラザーズによるビデオの背景として使われた。2010年以降は、地元の愛好家グループが、この地下をもっと活用する方法を模索している。

スアキン

スーダン

紅海に面したスアキンの起源は古く、
アフリカでも最古級の港とされている。
メッカ巡礼者たちの出発地としても栄えたが、
国際的な船舶輸送に対応する大規模な港を
つくるには、地形が悪すぎた。

紅海は数世紀にわたり、アフリカ大陸をアラビア半島やアジア、さらには地中海やヨーロッパへつなぐ海のハイウェイとして機能してきた。その紅海に面したアフリカの港のうち最古級の1つであるスアキンの起源は、ぼんやりとかすんでいる。スーダン北部のこの地域の猛暑を考えれば、それもうなずける。というのも、遊牧民のベジャ族が根気強く住みついてきたこの砂漠地帯では、逃げ水や蜃気楼がちょくちょく出現するからだ。

スアキンは、細長い海峡によって紅海と結ばれた浅い潟湖に浮かぶ島だ。その歴史は少なくとも紀元前10世紀、エジプト新王国のラメセス3世時代にまでさかのぼり、人類が航海を始めるのと同じくらい古い可能性もある。荒波から守られたこの島の天然港は、紅海沿岸部で最高の停泊場所を提供するだけでなく、ナイル川から西アフリカの奥地へ向かう陸上の隊商路に接続できるという利点もあった。

伝説にも事欠かない。たとえば、ソロモン王はいたずら好きの精霊をスアキンに幽閉したという。シバの女王のもとに向かうエジプトの乙女たちの船は、嵐の中スアキンに避難させられ、乙女たちは魔法のように妊娠していたと伝えられる。ローマ人にとってスアキンは、プトレマイオスが記述したように、リメン・エバンジェリス（希

望に満ちた港）として知られていたようだ。

しかし、スアキンが裏づけのとれる歴史の領域にようやく登場したのは、イスラム教が誕生し、アラブ人がエジプトとシリアを征服したあとの西暦750年頃のことだ。この中世の時代、スアキンはメッカ巡礼へ向かうムスリムの巡礼者たちの主要な出発地となり、その役割は少なからず現在も続いている。16世紀になる頃には、信仰心のかけらもない、儲けだけを追求した人間の取引が行われるようになる。おぞましい人身売買の犠牲となったのは、東アフリカ出身の奴隷たちだった。

オスマン帝国の支配

スアキンは1513年に一時的にポルトガルに占領されたものの、およそ300年にわたってトルコ系のオスマン帝国の支配下にあり、ジッダから派遣された「アミール」が宗教上の諸事を担い、イスタンブール直属の「アーガー」が税や貿易を取り仕切っていた。オスマン人はスアキンの港を拡張し、堂々たるモスクを築き、狭い街路にサンゴ岩でできたジッダ風の特徴的な3階建ての住宅を配置した。この住宅は、スーダンの別の場所で見られる背の低い日干し煉瓦の建物とは対照的だ。

旅の終わり

スアキン

税関エリア

ベイト・エル・ムフティ

ハナフィ・
モスク

シャファイ・
モスク

ベイト・ホルシード・
エッフェンディ

ベイト・エル・バシャ

裁判所

エジプト堤防

シェサウィの家

ス　ア　キ　ン　旧　港

ベイト
"オスマン・ディグナ"

ゴードンの門

スアキン湾

紅海

スアキン湾

スアキン
新港

スアキン旧港

スアキン

N

100ヤード

100メートル

だがおそらく、最もユニークな特徴は「ロシャン」だろう。美しい彫刻が施された木のよろい戸を持つ、外に張り出した大きな開き窓である。精緻な幾何学模様になるように配されたロシャンは、美しさと実用性を兼ね備えており、強烈な日光を遮ると同時に、冷たい海風を室内で循環させてくれる。

スアキンの港は一時期の衰退を経て、1865年、エジプト征服後にパシャとなったアルバニア系オスマン人のムハンマド・アリーにより併合される。4年後にスエズ運河が開通すると、イギリスがマンチェスターの衣類や石鹸や蝋燭、バーミンガムのカトラリーや金属製品と引き換えに、象牙、ゴム、コーヒー、ゴマ油、ダチョウの羽毛を輸入するようになり、スアキンの展望は明るくなった。

1877年には、イギリスがエジプト情勢への関与を深めるのに伴って、チャールズ・ゴードンがスーダン総督に据えられた。スアキン

上：スアキン島のシャファイ・モスクの遺跡。

島と本土の集落エル・ゲルフを結ぶ土手道を建設したのは、このゴードンである。1888年には、スーダンのイスラム系マフディー教徒による反乱から港を守っていたイギリス・エジプト軍の司令官ホレイショ・キッチナーが、島の防御として6つの砦を新たに追加し、土の壁に代わって高さ3.7メートルの煉瓦の周壁を築いた。

　それから10年あまりでマフディー教徒の反乱が鎮圧されると、スーダンはイギリス・エジプトの支配下に収まる。とりわけイギリスはスアキンに目を向け、国際的な船舶輸送に対応する大規模な港を再開発しようともくろむようになった。だが、スアキンの港への入口は狭く、潟湖は最新の大型船が入港するには浅すぎた。また、スアキンの町では水の供給がおぼつかず、建物の多くは修理の行き届いていない状態だった。

　1904年、拡張計画の実現可能性調査が行われた結果、公共事業局のラルストン・ケネディは報告書の中で「スアキンには見込みがなく、最善の方策は60キロ北のマーサ・バーグアウトに新港をつくることだ」と力説した。そして、それがそのまま実行に移される。1911年、ポート・スーダンと呼ばれるようになる新港が、エジプト総督により開かれた。しかし、新港のさらなる発展と多くの運送会社の移入は、第一次世界大戦の勃発によって妨げられた。スーダンの海上貿易の一大中心地であったスアキンの日々がついに終わりを迎えたのは、1922年になってからのことだった。

未来への展望

　突堤や桟橋はぼろぼろに朽ち、港のそばの検疫棟や倉庫も空っぽになり、かつて堂々と立っていた商人たちの住宅は崩壊したにもかかわらず、スアキンではある種の生の営みが絶えることなく続いている。見捨てられたかに見える港には釣りをするダウ船が今も浮かび、巡礼者を運ぶ船も相変わらず紅海へ漕ぎ出している。エル・ゲルフの市場は活況を呈し、食堂はおしゃべりで賑わい、ソロモン王の時代を思わせるように山羊が歩き回っている。こうしている間に、スアキンは1世紀にわたる衰退から目覚めようとしているのかもしれない。

　2018年、トルコはスアキンをスーダンから租借することで合意したと発表した。その狙いは、オスマン帝国の遺産を復活させ、この島をイスラム教徒の観光地に変えることにある。この合意の最初の成果が、モスクと税関事務所の修繕だ。まばゆい白に塗り替えられたその2つは、周囲の茶色く朽ちた建物からくっきりと浮かび上がり、過去の輝かしいスアキンの姿とともに、この古めかしい海運都市に訪れるかもしれない未来を予感させている。

シティホール駅

CITY HALL SUBWAY STATION

ニューヨーク（アメリカ）　　　　　　　　　NEW YORK, USA

かつてニューヨーク市庁舎のすぐ下に、
同市初の地下鉄網のターミナル駅が存在していた。
スペイン出身の名匠が設計したこの駅は、
地下大聖堂にもたとえられるほどの見事さだった。
今、地上からは痕跡を見つけるのも難しいが。

　今となっては、地上には見るべきものが何もない。数少ない痕跡を見つけるのさえ難しい。入口は蓋で覆われ、かつての存在を示唆するものは、ニューヨーク市庁舎（シティホール）の敷地内にある立入禁止区域を示すフェンスだけだ。だが在りし日には、オスマン帝国のクーシュクを模した、ドーム型屋根のある鋳鉄とガラスのキオスクが、ここ立っていたのだ。

　ブロードウェイへ向かう短い分岐線ではなく、むしろボスポラス海峡を目指す冒険旅行を連想させるその表玄関は、傾斜のきつい階段を降りる勇気があれば誰でも行ける身近なところにあった。そのすぐ近くで、シティホール・パークの芝生の区画とハナミズキの茂みや歩道と車道に囲まれているのが、すり減ったコンクリートにはめられた3区画分のガラスの天窓だ。苔や雑草が容赦なく侵入していて、おおむね気づかれることもないが、その天窓の下に潜むものを示す唯一の手がかりでもある。というのも、ここ市庁舎のすぐ下、センター・ストリートとチェンバース・ストリートが交わるところに、ニューヨーク初の地下鉄網インターボロー・ラピッド・トランジット（IRT）の当初の南側ターミナルでありショーケースでもあった駅が、かつて存在していたのだ。

　シティホール駅が開業した1904年のニューヨークは、統合されたばかりの5つの区──ブルックリン、マンハッタン、ブロンクス、クイーンズ、リッチモンド（スタテンアイランド）からなる大都市で、人口は400万人に達しようとしていた。それ以前の50年で5倍に増えた人口は、次の50年でさらに倍増することになる。マンハッタン島の街路では、歩行者、荷馬車、1頭立て馬車による渋滞がすでに深刻になっていたうえ、ガソリンで走る乗用車やバンの数も増えていた。

地下の大聖堂

　その街路から多少なりとも負担を取り除き、市内の移動を楽にするIRTは、天恵となるはずだった。この壮大な土木事業は、1900年3月24日に市庁舎前の地面を掘るセレモニーで幕を開けた。最初の路線の建設に4年半を要し、およそ93キロの開削トンネル、地下線路、高架線路が敷設され、43の駅がつくられることになる。この路線は、1905年にブロンクス、1908年にブルックリン、1915年にはクイーンズまで延伸された。

　どの駅にもあか抜けたオークの切符売り場と優美な装飾タイルが採用されたが（たとえばコロンバス・サークル駅のタイル装飾には、ジェノバの船乗りの船として有名なサンタ・マリア号が描かれた）、シティホール駅の見事さに及ぶもの

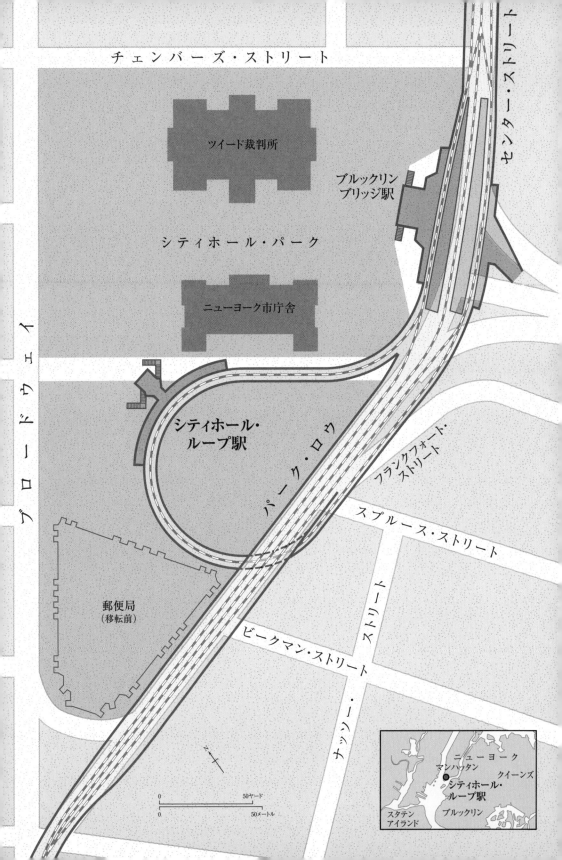

はなかった。建築会社ヘインズ＆ラファージュが手がけたこの駅は、シャンデリア、ステンドグラスの天窓、色とりどりのタイル、アーチ型天井を頂く壮麗な通路を備え、地下大聖堂にたとえられることも多かった。ひときわ印象的な内部の丸天井は、スペイン出身の名匠で建築技師のラファエル・グアスタビーノの設計によるものだ。バレンシア生まれのグアスタビーノは、1881年にバルセロナからニューヨークへ移住し、その4年後、「グアスタビーノ・タイル・アーチ・システム」の特許を取得した。大きな成功を収めたこのシステムは、エレガントな自立式アーチ道の最先端の建設手法で、イベリア半島や地中海沿岸の伝統をもとにしていた。

　地下鉄網は1904年10月27日木曜日に開通し、最初の列車が午後2時にシティホール駅を出発して145丁目とブロードウェイへ向かった。それに先立ち、地上の市庁舎の議会室で行われた式典と演説には、数百の著名人がゲストとして参列した。地下鉄開通を宣言したあと、ジョージ・B・マクレラン・ジュニア市長は選ばれし要人

下：シティホール駅のアーチ型天井と精巧な天窓には、美しい建築装飾が施されている。

たちを引き連れて駅へ下り、運転士のジョージ・モリソンが目を光らせる中、この駅を最初に出る5両編成の列車の指揮を執った。この任務を遂行するために、市長には宝石店ティファニーが特別に製作した純銀製の彫刻入りハンドルが贈られた。列車が走り出したあとは操縦権をモリソンに返すことになっていたが、市長は運転を続けると言い張り、ハーレムの103丁目駅までハンドルを握り続けた。

サブウェイ賛歌

　わずか5セントで乗れる（この運賃は1948年まで維持された）地下鉄は、すぐにセンセーションを巻き起こす。開通した週の日曜日（労働者階級のニューヨーカーにとっては唯一の休日）には、100万人近い人がこの交通システムで移動しようと試みた。地下鉄を称えて、『サブウェイ・エクスプレス2ステップ』『サブウェイ・ラグ』『ダウン・イン・ザ・サブウェイ』といった歌やダンスもつくられた。流行歌になった『ダウン・イン・ザ・サブウェイ』は、黎明期の地下鉄に足しげく通っていたのが仕事に疲れた通勤者ではなく、人目もはばからずいちゃつくカップルだったことを伝えている。歌には、こんな歌詞がある。

　　地面の下の地下鉄
　　なんて素敵な場所！
　　マンハッタン島の下を、猛スピードで空間移動
　　いちゃいちゃするのにうってつけ
　　一年中、どんな季節も
　　はるか下、はるか下の
　　地面の下の地下鉄へ

　この地下鉄の大成功とその後の地下鉄網の拡大や新路線の登場は、最終的に、かつて最も輝かしかった駅の閉鎖につながった。シティホール駅はカーブ上に位置しており、急カーブを描くこの駅の短いホームは、定員増に対応すべく導入された長い列車には適応できないことが明らかになる。いずれにしても、IRTのブルックリン・ブリッジ駅やライバルのブルックリン・マンハッタン・トランジット（BMT）のシティホール駅などができたおかげで、その近辺は交通の便が良くなっていた。かくして、IRTのシティホール駅は1945年12月31日に最後の乗客を迎えることとなった。
　この駅の由緒ある建築物の多くは荒廃の運命をたどったが、破壊を免れたループ線は今も6系統の列車の折り返しに使われている。地下をめぐるツアーがときおり実施されているものの、駅への立ち入りは制限され、この壮麗な公共建築物を広く一般に開放しようという試みは、駅の大部分が市庁舎の真下にあることから、治安上の懸念を理由に難航している。

バラクラバ潜水艦基地

BALAKLAVA SUBMARINE BASE

クリミア

CRIMEA

基地の建設は秘密のベールに包まれていた。
正式な地図には書き込まれず、立ち入りも制限された。
165トンの巨大な金属の門で守られた入口は
原爆の爆風にも耐えられるよう設計されており、
基地を破壊することはほぼ不可能だと考えられていた。

　本題に入る前に、2つのウール製品のイメージについて考察してみたい。どちらも、クリミア戦争でイギリス軍の兵士が着用して有名になり、流行にまでなった。クリミア戦争とは、1853年から1856年にかけて、黒海に面したクリミア半島でロシア軍とイギリス・フランス・サルディーニャ・オスマン帝国の連合軍が衝突した紛争だ。

　まずは「カーディガン」。ご存じの通り、これは毛糸を編んでつくられたチョッキの一種で、クリミアの冬の寒さをしのぐために兵士たちが着るようになった。名前は第7代カーディガン伯爵にちなんでいる。カーディガン伯爵は1854年10月25日、戦略的要衝だったセバストポリに近い海港を舞台にした「バラクラバの戦い」で、軽騎兵旅団を率いてロシア軍に突撃した。悲惨な結果に終わったこの「軽騎兵旅団の突撃」は、その勇敢さを称えられて、詩人アルフレッド・テニスンの詩句により不朽の名声を得ることになる。

　とはいえ現代では、カーディガンは武勇や血なまぐさい犠牲にまつわるイメージをすっかり失い、ふかふかのアームチェアに座るときにさっと羽織る、心地よい素敵なアイテムと見なされるようになっている。アイルランドのイージーリスニング歌手バル・ドゥニカンやアメリカの子ども番組司会者ミスター・ロジャースが愛用したカーディガンは、間違いなく、最も気分の安らぐ衣類の1つと言えるだろう。

　もう1つの「バラクラバ（目出し帽）」はまったく対照的だ。目と口の部分に穴が開いた、頭全体を覆うぴったりとしたこのウールの帽子も、やはりビクトリア朝時代の兵士が私服として身に着けていた。もともとはイギリス軍がロンドン・ウォルワースの衣料品製造業者ジェームズ・マーチンから調達していたものだ。このタイプの帽子は、マーチンが特許を取得する際に「プロテクター」と名づけたが、のちにクリミア戦争の激戦地となった場所にちなんで「バラクラバ」と改名される。

秘密のベール

　それから150年が経っても、バラクラバは恐ろしげな雰囲気を保ち続けている。諜報員や革命家、テロリスト、民兵部隊、銀行強盗にこぞって採用されたせいだろう。顔の大部分を覆い、し

右：かつては極秘だったバラクラバ潜水艦基地は、2003年に博物館として一般に公開された。

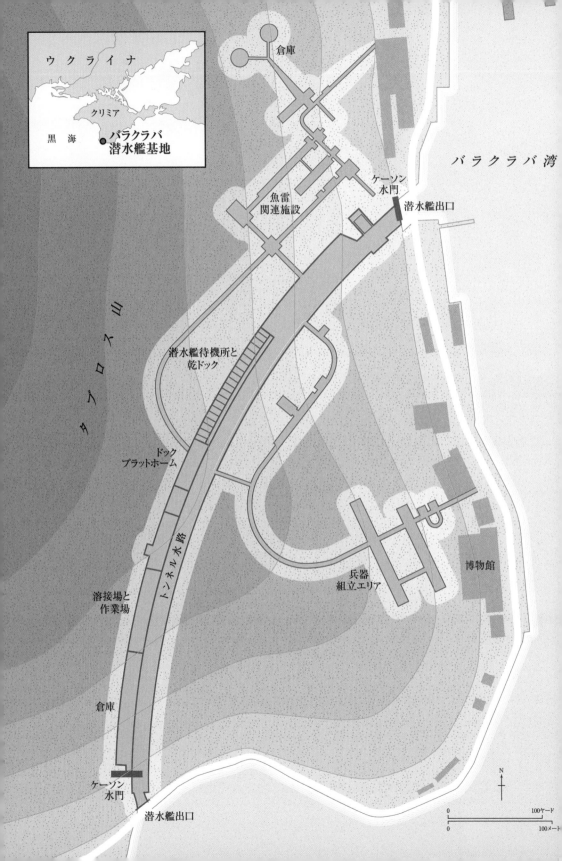

ウクライナ

クリミア

黒海　バラクラバ
潜水艦基地

バラクラバ湾

倉庫

魚雷
関連施設

ケーソン
水門

潜水艦出口

ヤブロス山

潜水艦待機所と
乾ドック

ドック
プラットホーム

兵器
組立エリア

博物館

トンネル水路

溶接場と
作業場

倉庫

ケーソン
水門

潜水艦出口

N

| 0 | | 100ヤード |
| 0 | | 100メート |

たがって着用者の外見を隠すという特性も、不吉な感じを高めている。ついでに言えば、高邁な反体制活動にせよ、完全に道を誤った極悪非道な行為にせよ、露見せずにうまくやり遂げたいと願う者たちの間で人気を保っているのも、この特性が理由だろう。

そうしたもろもろを考えると、バラクラバの名の由来となった土地に冷戦時代の30年以上にわたってソ連の極秘潜水艦基地があったことも、当然の成り行きに思えてくる。冷戦では戦いの大部分が目につかない場所で進行し、諜報部がどんな地上部隊よりも重要だった。ちなみにイギリスとフランスは、クリミア戦争と同様、この冷戦でもソ連に対抗すべく手を結んでいた。

1957年にバラクラバ基地が建設されたきっかけは、戦後の二大核保有国であった米ソの関係がますます悪化していたことにある。基地の建設は秘密のベールに包まれていた。単に「オブジェクト825」と呼ばれていたこの建設事業は、正式な地図には書き込まれず、バラクラバの町そのものへの立ち入りも厳しく制限された。そして基地の完成後、バラクラバは軍事区域となった。

基地を破壊することはほぼ不可能だと考えられていた。タブロス山の地下およそ120メートルを掘ってつくられ、広大な洞窟と数平方キロにわたるトンネルからなり、ソ連黒海艦隊の最大9隻の原子力潜水艦の停泊と保守に対応可能で、弾頭や魚雷の保管庫、控室、将校と職員のための区画もあった。入口は重さ165トンの巨大な金属の門で守られ、アメリカが1945年に長崎に投下した原子爆弾の5倍の爆風にも耐えられるように設計されている。最悪の事態に備え、最長30日分の物資が常に備蓄されていた。

クリミア併合

キューバ危機の頃に一触即発の状況にまで陥ったが、幸い、冷戦の終焉は爆発音ではなく物悲しい音とともに訪れた。ソビエト連邦崩壊後、クリミアは新生独立国ウクライナの領土となる。ロシアはバラクラバに潜水艦隊を置き続けたが、基地は1993年に閉鎖され、世紀が変わる頃にウクライナ海軍に譲り渡された。ロシアが残していったものは、気軽に盗みを働く者たちによって、すでにほとんど剥ぎ取られていた。建設当初は厳重に秘匿されていた場所だが、それ以上荒廃するのを待つよりはと、きれいに片づけられて、2003年に博物館として一般に公開された。

だが、ジョージ・オーウェルが小説『一九八四年』に書いたように、「現在を支配する者は過去をも支配する」。2014年、残っている海軍基地がNATOの手に落ちるのを防ぐために、ロシアがウクライナからクリミア半島を奪って併合した。それ以降、この博物館はロシアの軍事防衛当局の支配下にある。目下のところ、入口で来訪者を出迎えるのはウラジーミル・プーチンの肖像だ。それはいわば、歴史が永遠に未完の作品であることを、折に触れて思い出させる目印となっている。

バラクラバ潜水艦基地

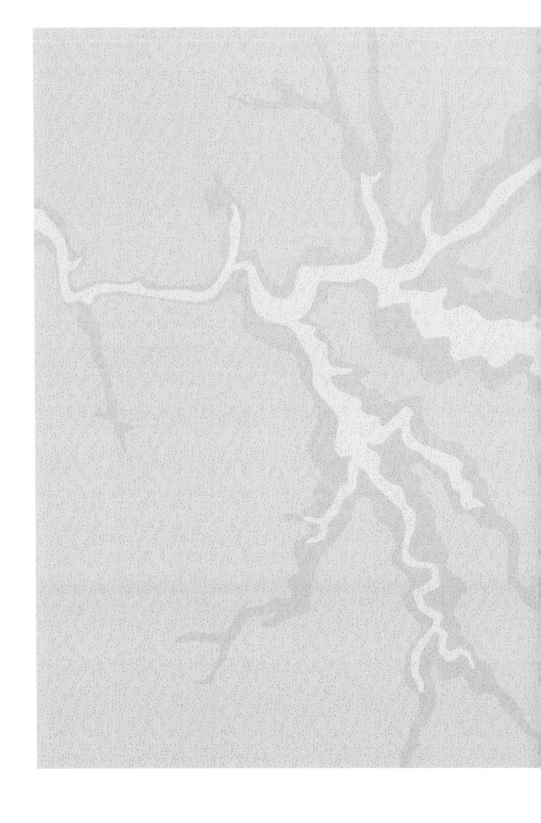

放棄された施設

OBSOLETE INSTITUTIONS

セント・ピーターズ神学校

ST PETER'S SEMINARY COLLEGE

カードロス（イギリス、スコットランド）　　CARDROSS, SCOTLAND, UK

20世紀半ば、カトリックは近代化に踏み出そうとしていた。
そんな時代の申し子として生まれたのが、この神学校だ。
そこは地元住民から愛されるスコットランド王ロバート1世が
眠る場所からほど近い。わずか数十年で廃墟と化すとは、
誰一人思わなかったに違いない。

地元カードロスの人たちが誇らしげに語るところによれば、スコットランド王ロバート1世はこのあたりでハンセン病により死去したという。2009年になって、やや東のリーベン川のほとり、レントンにあるピランフラットの畑の下からこの王の宮殿の基礎が発掘されるまでは、中世のカードロス城の遺跡を大げさに指差し、「ここで亡くなった」と断言するのが地元民のお約束だった。

昔から歴史学者の間では、ロバート1世については出自よりも晩年のほうが知られている。1314年のバノックバーンの戦いでイングランド軍を包囲したことは特に有名だ。だが、その正確な生年月日や生地はいまだに論争の的で、エアシャーのターンベリーよりもエセックスのライトルのほうが生誕地の可能性が高いという主張もある。

ロバート1世が人生最後の3年間を過ごしたのは、スコットランド・ゲール語で「湾曲した岬」を意味するカードロスの屋敷だった。そして、健康を蝕まれつつある王が、スコットランドの独立を守るためにフランスやイングランドとの協定をまとめるかたわら、狩猟や鷹狩り、入江での船遊び、リーベン川での釣りを楽しむために隠遁したのもこの場所だった。カードロスのさわやかな環境の中で「1329年6月の第3週あたり」に息を引き取るが、生前の彼は、「聖地へ十字軍を送る

という誓いをまっとうするために、心臓をエルサレムへ送ってほしい」と要望したという。その聖なる任務を実行したのは、王の信頼が最も厚かった副官のジェームズ・ダグラスで、彼はその際にムーア人と戦い命を落としたという。

ダグラスの遺骨とロバート1世の心臓（首飾りを巻いた銀の壺に入れて運ばれていた）は、スコットランドに戻って埋葬された。その敬虔さゆえの行為が、王の遺体の分割につながる。遺体の多くの部分はダンファームリン修道院に眠っているが、心臓は最終的にロクスバラシャーのメルローズ修道院に行き着いた。この神聖なシトー修道会の修道院は、1322年にイングランド王エドワード2世により一部が破壊され、その後ロバート1世が再建したものだ。

未来的な教会建築物

その600年後、カードロスのかつての屋敷の風景の中に、カトリックの宗教教育のための施設が建立された。敬虔な信者だったロバート1世（一時的に教皇から破門されていたが）がそれを知ったら、きっと喜んだに違いない。だが、建設からわずか数十年で廃墟となった事実については、どんな反応を示すだろうか。

1966年に扉が開かれたとき、このセント・ピー

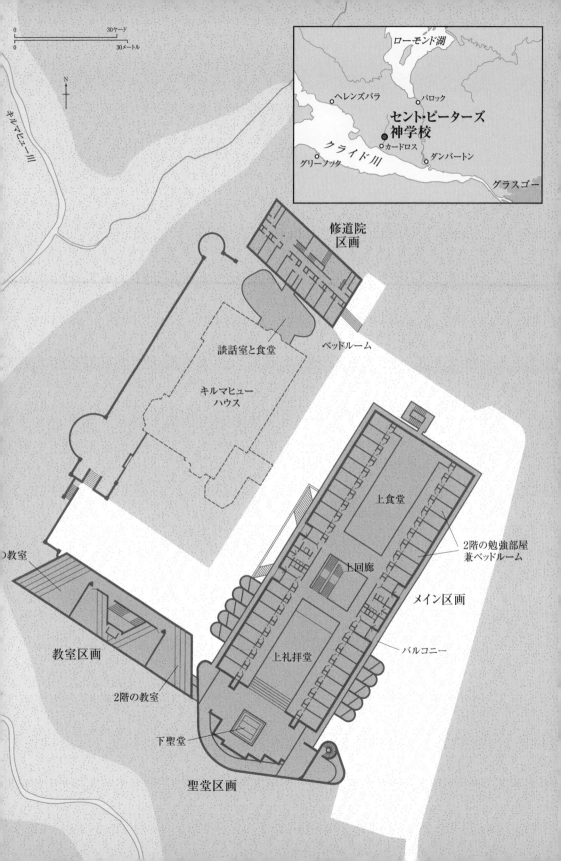

0 30ヤード
0 30メートル

N

ローモンド湖

ヘレンズバラ　　バロック

セント・ピーターズ
神学校

カードロス

クライド川　　ダンバートン

グリーノック

グラスゴー

キルマヒュー川

修道院
区画

談話室と食堂

ベッドルーム

キルマヒュー
ハウス

上食堂

2階の勉強部屋
兼ベッドルーム

教室

上回廊

教室区画

メイン区画

2階の教室

上礼拝堂

バルコニー

下聖堂

聖堂区画

ターズ神学校が廃墟になるとは誰も想像しなかっただろう。その姿
は未来そのものだった。神学生たちは冗談まじりに「宇宙船」と呼
んでいた。ひどく老朽化した現在でも、建物は相変わらず、決然と
未来を見据えていた過去を賛美し続けている。

当時のカトリック教会は、科学や医学、技術の進歩に伴う戦後社
会の変化を受け、自らも近代化の時代に踏み出そうとしていた。
1959年に発表され、1962年に最初の会議が行われた第2バチカン
公会議により、信者の積極的な関わりを奨励するべく典礼が改革さ
れ、ラテン語だけでなく地元の言葉でミサを行えるようになった。

セント・ピーターズ神学校はそうした時代の申し子であり、驚く
ほど現代的な一連の教会建築物の1つだった（ほかにはグレンロセ
ス、デニスタウン、ドラムチャペル、キルシス、ダントチャー、イー
スターハウス、カンバーノールド、イースト・キルブライドといっ
た教会がある）。スコットランドのローマ・カトリック教会のため
につくられたこの建物群は、グラスゴーの建築事務所ギレスピー・

放棄された施設

166

キッド＆コイアのアンドリュー・マクミランとイシ・メッツスタインによって設計された。2人ともカトリックではなかった。マクミランは信仰を捨てた長老派で、メッツスタインはベルリン生まれの亡命ユダヤ人だ。セント・ピーターズ神学校の設計の一部は、聖母マリアを称えて建てられたラ・トゥーレット修道院から影響を受けている。この修道院は、フランスはリヨン郊外のエブー・シュル・ラブレルにある美しいブルータリズムのドミニコ会修道院で、現代建築の司祭長とも言うべきル・コルビュジエが手がけたものだ。

カトリックの新米司祭の学校としてつくられたセント・ピーターズ神学校は、100人を超える神学生を受け入れられる設計で、居住空間、食堂、図書室、講義室、礼拝堂を備えていた。礼拝堂は「複合施設の核」となるべく神学校の中心に置かれた。聖なるものを建物の心臓部に配したその設計は、建築史学者パトリック・ナットゲンズに「生活、瞑想、労働のすべてが礼拝という1つの行為の中にまとめられた神の家」と称賛された。神学生たちも学内誌の中でそれを称えていた。ある学生はこう書いている——「礼拝堂や食堂のような広いエリアに、おおいなる満足感を心に呼び起こす威厳と雄大さが存在している」。

とはいえ、この建物に欠点がないわけではなかった。ほとんどは、設計自体の問題ではなく、手抜き工事の結果として生まれたものだ。建て付けの悪いドアと窓のせいで、雨が降ると水漏れを起こしやすかった。しかし、長い目で見て致命的だったのは、スコットランド・カトリック教会の財政的・文化的衰退と、司祭の養成方法に関する新しい考え方だった。この神学校に集まった学生はピーク時でも55人にとどまる。つまり、この施設は事実上、半分以上が空っぽの状態だったわけで、中でも収容能力の高い講義室は、心地良さを感じるにはいささか広すぎた。施設全体の保守や維持、暖房も高くついた。

復活計画の頓挫

開校からわずか14年後の1980年、神学校は撤退し、礼拝堂は俗化されることになる。セント・ピーターズは薬物依存症のリハビリセンターとしてしばらく使われたあと、1980年代後半には放棄され、朽ちるがままの荒廃状態となった。

その後、スコットランド最高の現代建築とも言われるセント・ピーターズ神学校の歴史的・建築的重要性が認知されるようになる。1992年には、スコットランドで最高の保護カテゴリーであるグレードA建造物に指定された。だが、建物の修繕と美術館への転用によって施設を復活させる計画は、2018年に頓挫した。以来、スコットランド政府はセント・ピーターズを政府の保護下に置くことを拒否している。「管理された腐朽」と呼ばれる状態に保つだけでも推定600万ポンドに上る維持費は、公的資金でまかなうには大きすぎるというのが政府の主張だ。

2020年7月、セント・ピーターズの法的な所有権が地域の教区から慈善団体「キルマヒュー教育トラスト」の手に受け渡された。この団体は、地元コミュニティの財産として神学校を保護する新たな方法を模索しているという。その一方で、崩壊寸前の神学校の建物が世界中から巡礼者を引き寄せ続けている。そうした旅人たちは、ほとんどが世俗の人ではあるものの、この荒塗りのコンクリートの要塞、荒廃したかつての宗教教育の砦に、ロバート1世がかつてパレスチナで見出したいと切望していたであろう栄光と威厳を探しているのかもしれない。

ルーズベルト島天然痘病院

ROOSEVELT ISLAND SMALLPOX HOSPITAL

ニューヨーク（アメリカ）

NEW YORK, USA

白人がやって来るまで、ここはネイティブアメリカンが
自然と調和して生きる美しい場所だった。
その後、養豚場や流刑の地、刑務所、精神疾患や感染症の患者を
収容する病院などを経て、公園になった。
大都会ニューヨークを流れるイースト川の中州にある。

　ニューヨークからフィラデルフィアに至る地域に住んでいたネイティブアメリカンのレナペ族は、現在のルーズベルト島を「ミネハノンク（素敵な島）」と呼んでいた。マンハッタン島とのちにクイーンズとなるロングアイランドの岸に挟まれたイースト川に浮かび、木々が生い茂るのどかな隠れ家のようなこの島で、レナペ族は狩りや釣りを営み、ベリーを採集していた。おそらくそれが、島に代々与えられた名前や用途の中で最高のものだったに違いない。というのも、長さ約3.2キロ、広さ11ヘクタールのこの島を1633年に購入したオランダ人は、すぐに島を海上の養豚場に変え、「バルケンス・アイランド（豚の島）」と命名したからだ。

　その後、この島はイングランド王ジェームズ2世により、ニューヨークの執政長官としての功績の褒美としてジョン・マニングに与えられた。のちに失脚したマニングが敵前逃亡と反逆罪で裁かれると、この島は屈辱的な流刑生活の場となる。マニングは人生の残りの日々を島でぼんやり過ごすことを強いられた。彼にとって牢獄だったかは分からないが、マンハッタン島から安全な距離をとりつつ犯罪者、病人、精神病患者を閉じ込めておく便利な場所として、この島の有望さは市当局の認めるところとなった。1820年までに、

ニューヨークはアメリカ最多の人口を誇る都市となっていたが、その飛躍的な成長は、犯罪、市民の暴動、過密、病気、衛生状態の悪さといった数々の社会問題を伴うものだった。

　1823年、ニューヨークの為政者だったフィリップ・ホーンが、クイーンズのブラックウェル家からこの島を買い取る許可を出す。1685年のマニングの死後に島を受け継いだブラックウェル家は、1790年以降、この島で簡素な板ぶきの家と農場を守ってきた。かつて豚が飼われ、余った土地で耕作が行われていたこの場所に、市は巨大な牢獄を新設しようともくろんだ。

悪名高き精神病院

　1832年の開設から1世紀あまり続いたブラックウェルズ島刑務所は、精神病患者、犯罪者、自傷・他傷の恐れがあると見なされた人を収容するために築かれた。最初は少なくとも11の施設があった。たとえば性感染症患者のための刑務所病院、ブラックウェル労役所、酒酔いや売春などの軽犯罪で逮捕された者を短期収容する刑務所、救貧院、貧しい病人のための慈善病院、そして悪名高いニューヨーク市精神病院などである。

　この精神病院は、1887年に精神病を装って潜入調査を敢行したジャーナリストのネリー・ブラ

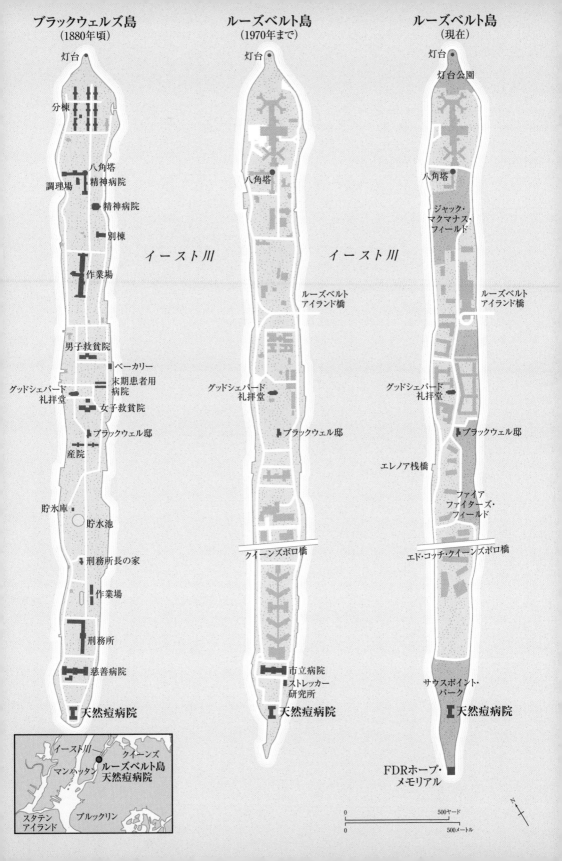

ブラックウェルズ島
（1880年頃）

灯台

分棟

八角塔
精神病院
調理場
精神病院

別棟

作業場

イースト川

男子救貧院
ベーカリー
末期患者用
病院
グッドシェパード
礼拝堂
女子救貧院
ブラックウェル邸
産院

貯水庫
貯水池
刑務所長の家

作業場

刑務所

慈善病院

天然痘病院

ルーズベルト島
（1970年まで）

灯台

八角塔

イースト川

ルーズベルト
アイランド橋

グッドシェパード
礼拝堂

ブラックウェル邸

クイーンズボロ橋

市立病院
ストレッカー
研究所

天然痘病院

ルーズベルト島
（現在）

灯台
灯台公園

八角塔

ジャック・
マクマナス・
フィールド

ルーズベルト
アイランド橋

グッドシェパード
礼拝堂

ブラックウェル邸

エレノア桟橋

ファイア
ファイターズ・
フィールド

エド・コッチ・クイーンズボロ橋

サウスポイント・
パーク

天然痘病院

FDRホープ・
メモリアル

イースト川
クイーンズ
マンハッタン
ルーズベルト島
天然痘病院

スタテン
アイランド
ブルックリン

0 　　　　　　　500ヤード

0 　　　　　　　500メートル

N

イによるセンセーショナルな暴露記事のネタになった。入院患者の劣悪な扱いを白日
の下にさらしたこの記事をきっかけに、精神病院は大急ぎで結核治療の専門病院に
変えられた。この精神病院ができた最初の年に過密状態や治療手法に懸念を示して
いたのが、有名なイギリスの小説家チャールズ・ディケンズだ。1842年のアメリカ
旅行中にここを訪れたディケンズは、病院の中央にそびえる八角形の塔（アレクサン
ダー・ジャクソン・デイビスが設計した当初の建物のうち現存するのはこの塔だけ）
を称賛したものの、「あらゆるものが無気力で物憂げな、いかにも精神病院らしい空
気をまとっている」と批判的に書いている。

　ところが1856年、ブラックウェルズ島はもう1つの悪名高い病院、すなわち天然痘
病院を背負うことになる。この病院の堂々たる建物は、島に最初にできた刑務所や
灯台と同じく、当時屈指の多作かつ著名な建築家だったジェームズ・レンウィック・
ジュニアの作品だ。ニューヨークの裕福な地主家庭に生まれたレンウィックはちょっ
とした神童で、12歳でコロンビア・カレッジ（現ユニバーシティ）に入学して土木
工学の道へ進んだ。おそらく、自然哲学科長だった父の力添えもあったのだろう。

　卒業後、レンウィックはクロトン水道路建設の監督の職を得る。この大規模な土
木事業は、増加するニューヨークの人口にきれいな水を安定供給するためのものだっ
た。水道路の完成からまもない1842年、建築に関する正式な教育を受けていなかっ
たにもかかわらず、24歳の若きレンウィックは、マンハッタンのグレース教会の設計
という仕事を勝ち取る。トマス・ハウス・テイラー教区牧師の強い要望により、教会
は膨大な費用をかけてヨーロッパ風のゴシック様式で建てられた。材料の大理石は、
最高レベルの警備が敷かれた悪名高いシンシン刑務所の囚人たちが切り出したもの
だ。レンウィックはのちに別の場所でもゴシック様式を採用し、成功を収めることに
なる。その顕著な例が、ニューヨークにあるもう1つの彼の代表的宗教建築——5番
街に立つセント・パトリック大聖堂だ。

　適応力の高い建築家だったレンウィックは、気まぐれな流行に応じてロマネスクな
どさまざまな様式の建物も設計していたが、ブラックウェルズ島の刑務所と天然痘
病院はどちらも典型的なゴシック様式だった。中世の封建社会を思わせる城のような
石造りの小塔とノルマン様式の尖頭アーチ型の窓は、建物のそもそもの用途も相まっ
て、さらに不気味な雰囲気を醸し出している。

ニューヨーク初のランドマーク的廃墟

　この天然痘病院はブラックウェルズ島産の片岩でつくられた。隣に立つ刑務所の
囚人たちが掘り出し、表面仕上げを施したものだ。天然痘ウイルスの感染者の隔離
を専門とする大規模病院の建設は、アメリカではこれが初めてだった。1980年に根
絶が宣言されるまでに、天然痘は世界中で膨大な数の人命を奪い続けた。とはいえ、
1796年にイングランドで効果的なワクチンが登場したことから、レンウィックの手が
けた病院は比較的短命に終わる運命にあった。

　1856年の開設から1870年代はじめの閉鎖までに、13万3000人前後の患者がこの病
院で治療を受けた。閉鎖した建物は、1879年までにニューヨーク市の看護師養成学
校として使われるようになり、1903年にはレンウィックが設計した建物を模した2つ
の翼が増築された。しかし、1956年に看護学校とそれに付属する産科病棟が閉鎖さ
れると、かつての天然痘病院は放棄されて苦難の日々を送ることになる。島の多くの

放棄された施設

建物も同じ運命をたどった。1921年にウェルフェア島と改められていた島名は、1973年にまたもや変更され、ポリオによる麻痺が体の一部に残っていた第32代アメリカ合衆国大統領フランクリン・D・ルーズベルトにちなんで、ルーズベルト島と呼ばれるようになった。

現在では、旧病院の空っぽになった窓とくぼんだ壁の真向かいに美しい公園がつくられ、建築家ルイス・カーンが手がけた壮大な石造りのルーズベルト記念碑が鎮座している。レンウィックのゴシック様式の怪物は、1972年にアメリカ国家歴史登録財に加わり、ニューヨーク初のランドマーク的廃墟という名誉を手にする。ルーズベルト島では、川岸の高級マンション区画やコーネル大学のキャンパスが新たにつくられ、灯台やブラックウェル家のかつての農家が復元され、旧精神病院の塔は高級賃貸ビルに姿を変えているものの、天然痘病院は廃墟のまま、ツタに覆われて不気味さを保ち続けている。北側の病棟が一部崩壊した2007年に補強工事が行われ、本書執筆時点では保存のための何らかの工事が進められているものの、夜になると、ジャック・オー・ランタンよろしくぼんやりとした光に包まれる。クイーンズボロ橋の下に潜むそのおぞましい存在は、2020年のパンデミック発生以降、かつての感染症防止メソッドをやや辛辣に思い起こさせる備忘録の役割を果たしている。

下：ルーズベルト島先端の美しく造園された公園の背後に立つ天然痘病院の廃墟。

ボルテッラ精神病院

VOLTERRA PSYCHIATRIC HOSPITAL

トスカーナ（イタリア）

TUSCANY, ITALY

先進的な精神科医ルイージ・スカビアが院長に就任した頃、
この病院の患者は自律的な生活を営んでいた。
彼が引退すると、欧米の多くのほかの病院と同様、
設立時の理想とはほど遠い、劣悪な環境に
患者たちは置かれることになる。

人類最初期の都市を囲む壁は、ほぼ例外なく、侵入者を締め出して町を守ることを第一の目的として築かれた。トスカーナ州ピサ県のボルテッラを囲む防壁の一部は、紀元前5〜4世紀にまでさかのぼる。当時、この風光明媚な丘の上の町はエトルリア人の主要な集落の1つで、農耕地と雪花石膏の採掘場、装飾の施された噴水や浴場を備えていた。

壁というものは、一方では、内側にいる者を外に出さないようにする役割も等しく担っている。そして、1880年代後半にボルテッラの古代の壁の内側に築かれたのが、精神病患者の「監禁」を専門とする施設だった。この精神病院はのちに、非人道的な患者の扱いで悪名を馳せることになる。だが、かつては精神病治療の可能性を示す希望の光として持ち上げられていたこともあった。

スカビアの理想

1888年に創設されたボルテッラ精神病院は、別の施設内にあった貧しい人々のための慈善病院（前身はサン・ジローラモ女子修道院）から発展したものだ。1900年、進歩的な精神科医だったルイージ・スカビアが慈善病院の院長に任命された。スカビアは慈善病院を精神病治療専門

の施設へ改変する仕事に乗り出し、収容する患者を各地から積極的に集め始める。ボルテッラ精神病院の入院患者は、スカビアの任期中におよそ280人から1900人に膨らみ、1939年のピーク時にはほぼ5000人に達した。この増加に対応するため、「パビリオン（分棟）」と呼ばれる新たな入院用区画が建てられ、一連の構内道路でつながれた。それぞれの分棟の名前は、クラフト＝エビング、シャルコー、クレペリン、フェリといった精神・神経病学の輝かしい権威にちなんでつけられた。

スカビアの思想の中心にあったのは、入院患者はできるだけ自律的に生活すべきであり、精神病院は自給自足の労働村のような雰囲気と機能を持って、その維持運営には患者自身が関わるべき、という考えだった。その目的を達成するために、ボルテッラ精神病院は自前の水道と発電機を備え、木工作業所、鍛冶場、ガラス工房、煉瓦窯、ベーカリー、売店、野菜と果物の農園、ガチョウとウサギの飼育場もつくられた。入院患者は洗濯場や厨房で働き、庭仕事をしたり、建設作業を手伝ったりした。中には、地元の古代建築物の発掘に参加した患者もいる。また、職員と患者が出演するコンサート・パーティも毎年開かれた。1933年には、入院患者が賃金を得る

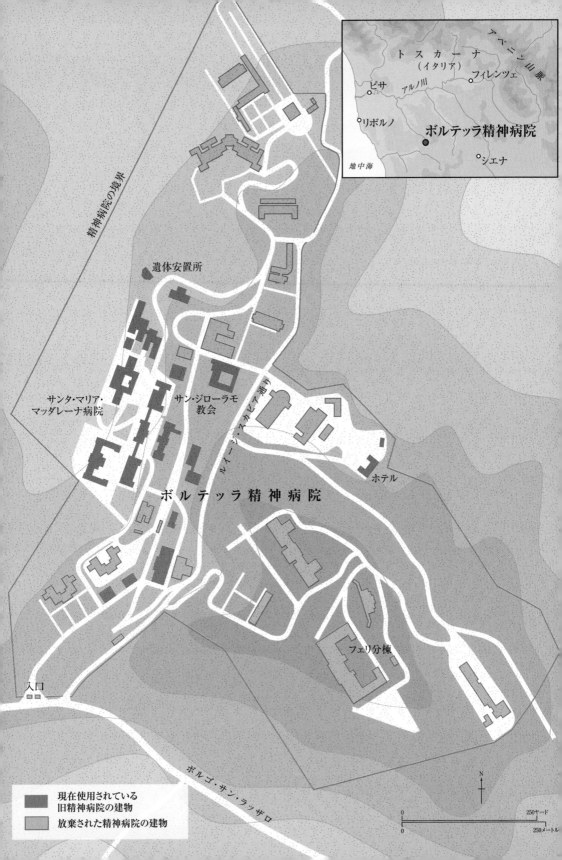

精神病院の境界

遺体安置所

サンタ・マリア・
マッダレーナ病院

サン・ジローラモ
教会

ルイージ・スカビア通り

ボルテッラ精神病院

ホテル

フェリ分棟

入口

ボルゴ・サン・ラッザロ

トスカーナ
（イタリア）

アペニン山脈

ピサ

アルノ川

フィレンツェ

リボルノ

ボルテッラ精神病院

地中海

シエナ

N

現在使用されている
旧精神病院の建物

放棄された精神病院の建物

0   250ヤード

0   250メートル

ためための院内通貨が導入された。

　翌年にスカビアは引退し、まもなくこの世を去った。遺体は本人が望んだ通り、ボルテッラ精神病院の墓地に埋葬され、彼が治療に心血を注いだ人々のかたわらで眠っている。

残酷な治療法

　スカビアの時代のすべてが穏やかで明かったわけではないが、入院患者が倍増し、イタリア最大規模の精神病院に成長すると、過密の問題に直面した後継者たちは、前任者よりもはるかに厳格な、残酷とも言える管理・治療方法を選んだようだ。入院患者の症状に身体的拘束という手段で対処するケースが増え、看護師が警備員のように病棟を巡回するようになった。1950年代と60年代のボルテッ

上：ボルテッラ精神病院は1978年にとうとう閉鎖され、建物は朽ちるがままになっている。

右：1950〜60年代に入院していたオレステ・フェルナンド・ナンネッティが壁に刻んだ彫り物。

放棄された施設

174

ラの雰囲気は、病院というより刑務所に近いものだった。第二次世界大戦のトラウマから、今でいう軽度のうつ病の人々や、性的・道徳的・政治的規範に従いたがらないというだけの人々が、異常者や非行者に分類されることになった。そうした人たちは、診断に異議を唱えるチャンスもないまま、精神医療システムの中に掃き捨てられていった。

　当時は、薬理学的な精神疾患の治療はまだ黎明期にあった。強い鎮静作用のある薬剤が、長期的な患者の回復に必要だからではなく、むしろ職員の仕事を楽にするために処方されていたようだ。ボルテッラ精神病院では、インスリン投与による昏睡や電気ショック療法といった残酷な治療法が普通に使われていた（公正を期すために付け加えると、この時代には欧米じゅうの似たような施設で同じことが行われていた）。さらに、そうした残酷さに加え、多くの入院患者は外部との接触を一切断たれていた。熱心に綴った家族への手紙が相手に届くことはけっしてなく、病院の記録ファイルにしまい込まれるだけだった。

　幸いなことに、バザーリア法という法律が成立したあと、1978年にボルテッラ精神病院は閉鎖された。法律名の由来となったフランコ・バザーリアは、前時代的な施設における精神病患者の抑圧と拘禁に反対する運動を展開した、改革主義の精神科医である。

　壁に囲まれた精神病院は、木々の影に包まれ、内部で行われている残虐行為の多くを長い間人の目から隠してきた。その建物は、見る者の血を凍らせる力を今も保っている。ボルテッラのほかの古い遺跡にはない特性だ。とりわけ人の心を揺さぶるのが、入院患者オレステ・フェルナンド・ナンネッティが壁に刻んだ奇妙な絵と詩の名残だ。ナンネッティは1958年にこの病院の保護病棟に入れられ、14年をそこで過ごした。ベルトのバックルで彫った文字や絵は、当初は監督者たちへの抵抗として描かれたものだが、のちにボルテッラ市の市民賞を受賞することになる。だが、それらも保存状態が悪く、周囲の漆喰のひび割れや剥離とともに消失の危機にさらされている。

ボルテッラ精神病院

ゲーリー・メソジスト教会

GARY CITY METHODIST CHURCH

インディアナ州（アメリカ）　　　INDIANA, USA

進歩的な聖職者、ウィリアム・グラント・シーマン博士には
「万人を受け入れるキリスト教組織をつくる」という夢があった。
ゲーリー・メソジスト教会は彼の肝入りで設立され、
最盛期には3000人の会衆を集めるまでに育った。
だがその後、この教会は彼の理念とは真逆の歴史を歩む。

インディアナ州ゲーリーは、シカゴからわずか64キロ、ミシガン湖の南岸に広がる4046ヘクタールの湿地に、1906年にできた大都市だ。このあたりの産業都市の中では最も若い部類に入る。この街は鉄鋼大手のUSスチール社の思いつきから生まれた。しかし、同社は最新鋭の工場のほうに時間と労力と資金を費やし、その労働者が暮らす、明らかに計画不足の工場都市にはそれほど力を入れなかった。たとえば、この街を訪れた人はチカチカと点滅する信号に気づいたはずだ。ゲーリーの住民たちよりも工場のニーズを優先して電気が引かれていたからである。

にもかかわらず、この街の支援者たちは「奇跡の都市」「魔法の都市」「世紀の都市」と持ち上げた。のちに分かることだが、最後のあだ名はどこか予言めいている。というのも、ゲーリーは20世紀の栄枯盛衰にたびたび翻弄され、アメリカの製造業の好不況とともに浮き沈みを繰り返してきたからだ。ヨーロッパからの移民や、黒人差別のある南部から来たアフリカ系住民の流入で膨れ上がった人口は、20世紀末の失業率上昇といわゆる「ホワイト・フライト（白人の移住）」

によって減少に転じた。1960年のピーク時には17万8000人を誇ったゲーリーの人口は、現在では7万8000人を下回っている。

シーマンの構想

街の名前は、エルバート・H・ゲーリー判事にちなんでいる。企業弁護士で郡判事でもあったゲーリーは実業家に転身し、企業投資家のジョン・ピアポント・モルガンによりUSスチールの取締役会長に任命された。非常に信心深いゲーリーは、労働組合や労働者の権利に反対する自説を裏づけるために聖書の言葉を引用する癖があった。ユーモアを欠く自己中心的な道徳家で、貴族的な雰囲気と灰色の髪を持ち、口ひげは几帳面に整えられていた。ずる賢い策士で、モルガンに「気骨のないおべっかつかい」とこきおろされたこともあった。

この街に自分の名をつけようと提案したのもゲーリー本人だ。この提案に対し、ほかの取締役は「ウィリアム・エリス・コーリー社長のほうがその名誉にふさわしい」と反対した。アメリカ郵政公社はメリーランド州のゲーリーと混同され

右：ゲーリー・メソジスト教会の広大な
身廊は、今や雨風にさらされている。

るとして異論を唱えた。だが、ゲーリーは策略をもって押し切った。中西部で生まれ育った彼は、ニューヨーク市成立後ずっとそこに住み続けたが、「自分の心はインディアナ州ゲーリーにある」と好んで主張していた。1920年代には、増えつつある市民のために立派なメソジスト教会を新築する計画を熱心に支援し、建設用地と35万ドルの資金を会社から提供した。個人としても、4段の手鍵盤があるアーネスト・スキナー製作の堂々たるパイプオルガンを、教会の身廊用に寄付している。

　おそらくゲーリーの心に最も訴えたのは、この教会が金銭的な自立を念頭に設計されたもので、礼拝のための建物を中心に、社会教育と商業のための翼部を備えた三位一体構成だったことであろう。この構想の陣頭指揮を執っていたのが、地元の進歩的な聖職者、ウィリアム・グラント・シーマン博士だった。

ボストン大学神学部を卒業し、インディアナ州グリーンフィールドにあるデポー大学で哲学を教えていたインディアナ生まれのシーマンは、1916年にダコタ・ウェスレヤン大学からゲーリーに移ってきた。ゲーリーでは、その楽天的な性格から"サニー・ジム"の愛称で親しまれた。人種間の寛容や社会統合の推進を支持する唱道者でもあった。1924年には、クー・クラックス・クラン（KKK）をヒーローとして描いたD・W・グリフィス監督の映画『國民の創生』が「人種的偏見を煽る」として、オルフェウム・シアターでの上映を中止するようゲーリー市長R・O・ジョンソンに迫った。残念ながら、その訴えは聞き入れられず、ゲーリーでは上映後に人種的攻撃が急増することになる。その年の12月には、ある黒人男性が暴行されたうえに石油をかけて火をつけられ、重度の火傷を負った。だが、加害者たちが逮捕されることはなかった。

ゴシック・リバイバル建築

自分のつくった教会がゲーリーのすべてのコミュニティを1つにしてくれるだろうと、シーマンは期待していた。しかし結局、分断と多くの白人教区民の抵抗が、「万人を受け入れるキリスト教組織をつくる」という彼の夢を阻むことになる。資金調達のために作成されたパンフレットの中で、シーマンは教会のビジョンを説明し、次のように書いている。

たくましい鉄と鋼の職工、活発な商業生活を送る男性、忙しく働く女性、成長途中の若者に、生けるキリストの存在を最も強く確信させる方法は、平日のあらゆる時間に、そして日曜の1時間に、主の御力を目にすることである。ゆえに、この市中の教会に、奉仕の計画、包括的な聖職者の活動計画がもたらされた。この教会は、1週間1日も休まず扉を開いている教会、建築の美しさを体現する教会、キリスト教徒の教育と健全な余暇と魅力的で汚れのない娯楽を若者にも高齢者にも提供する教会、そして何よりも、キリスト教の友好の精神を市の中核にもたらす教会である。

シカゴの建築会社ロー＆ボレンバッカーが手がけたシーマンのゲーリー・メソジスト教会は、ゴシック・リバイバル建築の壮大な試作品にして中西部最大のメソジスト教会となる。インディアナ州ベッドフォード産の石灰石でつくられ、完成までに1年と9カ月を要した。シーマンは1926年10月3日にこの教会で初めての説教を行い、オープニングに際しては1週間にわたって夜ごとに祝賀行事が開かれた。

教会事務所の後ろには、さまざまなオフィス、体育館、劇場の入った9階建てのビルがあり、教育関連の講義や座談会、演劇、スポーツ行事（6人のフルタイム職員の1人が体育監督だった）、公的行事、

下：1990年代の火災により、すでに荒廃していた建物が修復不可能なままに破壊された。

ゲーリー・メソジスト教会

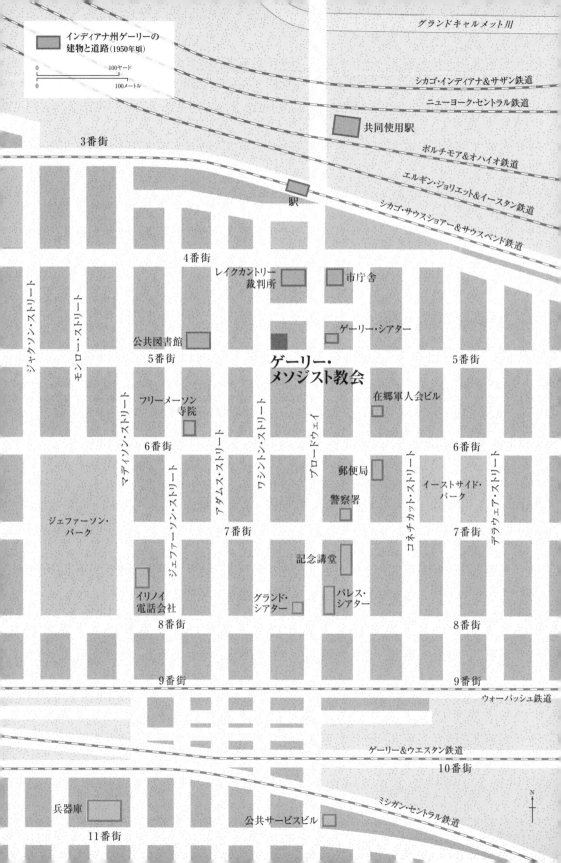

グランドキャルメット川

シカゴ・インディアナ&サザン鉄道

ニューヨーク・セントラル鉄道

共同使用駅

ボルチモア&オハイオ鉄道

エルジン・ジョリエット&イースタン鉄道

駅

シカゴ・サウスショアー&サウスベンド鉄道

インディアナ州ゲーリーの
建物と道路（1950年頃）

0　　　　100ヤード
0　　　　100メートル

3番街

4番街

レイクカントリー
裁判所

市庁舎

ゲーリー・シアター

公共図書館

5番街

5番街

ゲーリー・
メソジスト教会

フリーメーソン
寺院

在郷軍人会ビル

6番街

6番街

郵便局

警察署

イーストサイド・
パーク

ジェファーソン・
パーク

7番街

7番街

記念講堂

イリノイ
電話会社

グランド・
シアター

パレス・
シアター

8番街

8番街

9番街

9番街

ウォーバッシュ鉄道

ゲーリー&ウエスタン鉄道

10番街

兵器庫

ミシガン・セントラル鉄道

公共サービスビル

11番街

ジャクソン・ストリート

モンロー・ストリート

マディソン・ストリート

ジェファーソン・ストリート

アダムス・ストリート

ワシントン・ストリート

ブロードウェイ

コネチカット・ストリート

デラウェア・ストリート

N

コンサート、さまざまな宗教が登場する歴史劇、果ては映画上映まで開催されていた。

だが、1700人ほどの会衆の中には、この教会の建築をカトリック的すぎると考える者もいた。また、複合施設全体の維持費が当初のシーマンの見積より高くつくことも明らかになる。これは深刻な問題で、事業全体が常に資金不足に悩まされることになった。収支を改善するために、信者ではない人を呼び込むカフェテリアを設置するという案も、常連客を失いたくないレストラン経営者の有力信徒たちにつぶされた。ボーリング場の設置も議論されたようだが、実現には至らなかった。いかなる場合においてもダンスや汚い言葉が禁止されていたせいで、多くの若い工場労働者からすれば、教会での懇親会は魅力に乏しいものだった。もっと自由気ままで日々の労働からの逃げ場を求めていた人たちは、酒が飲めるうえに、言動に気をつける必要もない「もぐり酒場」のほうを好んだ。

結局、シーマンは1929年に自らの信徒たちに追い出され、オハイオ州ランカスターの教区に移った。それでもゲーリーを愛していると言い続け、出立時には、この街には「進歩と親切なもてなしという、掛け値なしの西洋の精神」があると語った。しかし、シーマンは1944年に自動車事故で世を去ってしまう。故人の最期の望みに従って、シーマンの遺灰はゲーリーに帰還し、彼が設立に尽力した教会に納められた。

見捨てられた街

1950年代、戦後の宗教復興の時代に、ゲーリー・メソジスト教会の会衆は3000人を誇るまでになる。大部分は中流階級の白人で、この街の行き過ぎた人種的不平等を反映していた。その頃までに、ゲーリーはアメリカ北部屈指の人種差別都市になっていたのだ。その後の10年で、裕福な白人が郊外へ移住し、外国との競争や自動化に起因する鉄鋼業界のレイオフによって、都市部の犯罪率が上昇する。会衆の数は減り始め、1973年にはわずか320人になり、うち定期的に教会に通う人は3分の1にとどまると見られた。

2年後の1975年、ゲーリー・メソジスト教会は閉鎖された。隣接するホールの一部はインディアナ大学に利用されたものの、教会そのものの有効な使い道は見つからなかった。ゲーリーが「アメリカで一番殺人の多い街」という不名誉な称号を手にする1993年には、すでに教会は過去の遺物と化し、崩壊寸前の状態になっていた。4年後、建物全体を襲った火災により、復活の望みは完全についえたかに見えた。その後の10年間、取り壊しの噂が絶えることはほとんどなかったが、現在では、公立公園につくりかえる可能性が浮上している。もし実現すれば、大きな苦境にあえぐこの街——過去に問題を抱え未来に不安を残すゲーリーの街を癒す、都会のエデンの園になるかもしれない。

アカンペネ島

AKAMPENE ISLAND

ウガンダ

UGANDA

人類の負の遺産とは、この島のことだろう。
古い因習によって、多くの女性が命を失った。
今、この島は過去に起きた悲劇の物語についての
記憶をとどめておく象徴として存在している。
だがその記憶も、まもなく失われてしまうかもしれない。

不当な仕打ちの記憶をとどめておかなければならないことがある。過去に耐えがたい苦しみを味わった人々を忘れないために、また、そうした出来事が二度と起こらないようにするために。

アカンペネ島（またの名を「罰の島」）は、ウガンダ南西部、ルワンダ国境近くのブニョニ湖に浮かぶ、何の変哲もない草ぼうぼうの小さな島だ。だが、この場所には忌まわしい歴史がある。おそらく、アフリカのこの地域を旅する観光客に人気がないのもそのせいだろう。比較的最近まで、「家族に恥をかかせた」と見なされた若い未婚女性が、この島に捨てられていたのだ。女性たちは寒さと飢えで死ぬまで放置され、入水自殺をする者もいれば、島を出ようとして溺れ死ぬ者もいた。

伝統的なバキガ族の社会では、処女は結婚市場で高値のつく商品であり、「汚れのない」花嫁には婚資として家畜などが贈られていた。そのため、結婚前に妊娠してしまった女性は、倫理規範に違反したと見なされるだけでなく、婚資という家族の収入を奪ったうえに、養うべき口が増えるという二重の罪を犯したと判断された。そこで、ほぼ確実に死に至る厳しい罰を受けることになった。アカンペネ島に置き去りにされる、という罰だ。

この島には木が2本生えているが、どちらも食べられる果実はならないし、雨風をしのぐ役にも立たない。水泳を習った女性はほとんどいないため、近くの別の島へ渡り、そこから本土へ戻る可能性はきわめて低かった。にもかかわらず、どうにか脱出できた者はいたし、中には救出された者もいる。救い主はたいていは裕福でない男性（当の女性を妊娠させた恋人というケースもあった）で、救出後は婚資を払わずにその女性を妻として「獲得」することができた。だが、カヌーでひそかに運ばれたにせよ、家族や友人や近隣住民が立ち合う見せしめの儀式を経て島流しになったにせよ、断固とした排斥のムードは強く、女性たちの多くはアカンペネ島に捨てられた直後に湖に入って自ら命を絶った。

消えゆく島

19世紀のアフリカの植民地化とキリスト教の宣教師（未婚の母に対する態度という点では、彼らも啓発されているとは言いがたかったが）の到来により、この習慣は公的には法で禁じられたものの、ウガンダのこのあたりでは20世紀になってもしばらく続いた。アカンペネ島に置き去りにされた女性の中には現在も存命している人がおり、実体験に基づく彼女らの説得力のある証言

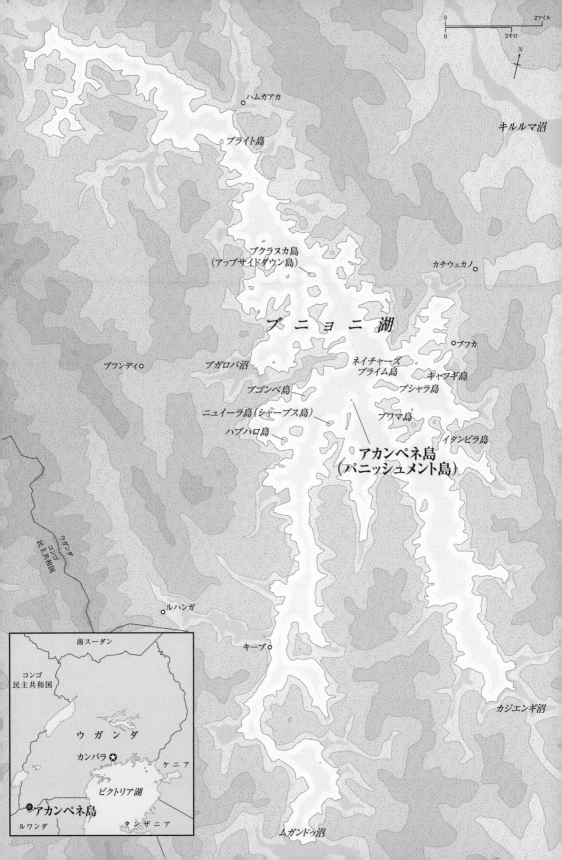

2マイル

0   2キロ

0

N

ハムカアカ

ブライト島

キルルマ沼

ブクラヌカ島
（アップサイドダウン島）

カチウェカノ

ブ　ニ　ョ　ニ　湖

ブフカ

ブフンディ

ブガロバ沼

ネイチャーズ
プライム島

キャブギ島

ブゴンベ島

ブシャラ島

ニュイーラ島（シャープス島）

ブワマ島

ハブハロ島

イタンビラ島

アカンペネ島
（パニッシュメント島）

ルハンガ

キーブ

カジエンギ沼

南スーダン

コンゴ
民主共和国

ウ　ガ　ン　ダ

カンパラ ✪

ケニア

ビクトリア湖

アカンペネ島

ムガンドゥ沼

ルワンダ

タンザニア

は、ウガンダの性差別をめぐる現在進行形の対話を導くのに貢献している。

しかし、ブニョニ湖の水位が年々高くなっていることから、アカンペネ島は遠からず視界から消えてしまう恐れがある。あまりにも長きにわたって若い女性たちを「消す」ためにあった土地が、自らもその姿を消す。それは因果応報と言えなくもないが、風景の中にはっきり残る印がなくなれば、そこで起きたことは徐々に人々の記憶から失われていってしまうと危惧する人もいる。今のところは、観光客が多く訪れる地域に位置するおかげで、この島は一切の声を奪われた女性たちの物語を語り継ぐ装置として機能している。

右：ブニョニ湖に浮かぶこの小さな細長い島は、若い女性たちが置き去りにされて死んでいく「罰の島」として知られるようになった。

放棄された施設

184

シーサイド・サナトリウム

SEASIDE SANATORIUM

ウォーターフォード（アメリカ、コネチカット州）WATERFORD, CONNECTICUT, USA

ワクチンが登場し、治療法が確立するまで、
結核は紛れもなく死の病だった。
罹患したら世間から隔離された場所で療養するしかなかった。
このサナトリウムは、結核の療養所として建設された。
今は、超常現象のスポットとなっている。

一般に「肺病」として知られ、「死の船長」や「白い疫病」とも呼ばれる結核は、19世紀後半から20世紀初頭にかけて、欧米で7人に1人の命を奪う原因となっていた。これはどんな病気よりも多い。階級も宗教も差別しないこの病気の犠牲者は、空咳や血の混じった咳にひどく苦しみながら徐々に体力を消耗し、治癒の望みも一切ないまま、恐ろしい最期を迎えた。

1880年代にドイツの医師ロベルト・コッホによって「感染性の細菌が原因である」と突き止められるまで、結核は遺伝病と考えられていた。きれいな空気と自然が効果的だというくらいの知識しかなかった医師たちは、人里離れた山あいの静養地や温暖な沿岸部へ移ることを患者に勧めていた。

ニューヨーク市の北480キロに位置するアディロンダック山地は、そうした病人が押し寄せる地域の1つだった。医師で結核患者でもあったエドワード・リビングストン・トルドーはコッホの研究を学び、1884年、この山地のサラナック湖のほとりにアメリカ初となる結核専門のサナトリウムを開いた。

50年後には、ロングアイランド湾を囲むコネチカット州のぎざぎざの海岸線が、結核に有効とされる太陽と海に恵まれていたことから、静養

にうってつけの場所と目されるようになる。こうしてウォーターフォードにできたのが、結核を患う若者のケアを専門とするアメリカ初の施設、シーサイド・サナトリウムだった。

煉瓦建築の複合体

建築を手がけたのは、オハイオ出身のキャス・ギルバートだ。多作かつ卓越した建築家として高く評価されていたギルバートは、1913年の完成当時には世界一高いビルだった57階建てのニューヨークのウールワース・ビルや、ワシントンDCに立つ堂々たる新古典主義建築の最高裁判所を生み出してきた。

だが、彼がウォーターフォードの海辺につくり上げたのは、切妻屋根のポーチと石造りのアーチのある、どちらかと言えば素朴な煉瓦建築の複合体だった。ずらりと並んだ高い窓には、健康に良い日光を建物全体にしみわたらせる狙いがあった。

シーサイド・サナトリウムはギルバート晩年の1930年代にオープンしたが、結核療養所としての期間は比較的短かった。新たな治療法とワクチンが登場したことによって、結核療養の需要が減ったためだ。

シーサイド・サナトリウムは1958年に高齢者

放棄された施設

シーサイド・サナトリウムの敷地

1996年までの主要な建物

ショア・ロード

古いポンプ建屋

アクティビティ
およびセラピー棟

メンテナンス
ガレージ

シーサイド・ドライブ

従業員
住居

複層の建屋

監督者の家

看護師住居

複層ガレージ

従業員住居

スティーブン・J・マー棟

病院

複層の建屋

看護師住居

ロング

アイランド湾

シーサイド・
サナトリウム

ニューヘブン

ロングアイランド湾

ロングアイランド

ニューヨーク

大西洋

向けのホームに改造され、そのすぐあとに「知的障害者」のための病院に変わり、名を「知的発達遅滞者のためのシーサイド地域センター」と改めた。この施設も1996年についに終わりを迎え、以後、新しい州立公園の中心に立つリゾートホテルに改造しようとした不動産開発業者はいたようだが、ギルバートの建築物は荒れるがままになっている。

超常現象スポット

　ギルバートの名声と建築物としての質の高さのおかげで、かつてのサナトリウムはアメリカ国家歴史登録財に指定されている。しかし、コネチカット州当局は改修計画にふさわしい民間パートナーをいまだ確保できずにいるため、この施設の未来はまだどちらに転ぶか分からない。

　その間、やつれ果てた建物は、さらなる破壊行為を防ぐためにフェンスで囲い込まれながらも、超常現象の愛好家たちを引き寄せ続けている。彼らによれば、シーサイド・サナトリウムは精神エネルギーの宝庫で、この建物の煉瓦には、ここで治療を受けながら死んでいった人たちの悲劇的な記憶がしみ込んでいるのだという。

シーサイド・サナトリウム

レノックス・キャッスル病院

LENNOX CASTLE HOSPITAL

レノックスタウン（イギリス、スコットランド）　LENNOXTOWN, SCOTLAND, UK

ここもまた、人類の負の遺産だ。もともとは貴族の館だったが、
優生学をもとに成立した精神薄弱者法にのっとって、
該当者を一般市民から取り除き収容する病院へと改造された。
木々の影に包まれた建物の内部で行われていた残虐行為が、
人の目に触れることはなかった。

スコットランドのグラスゴーを本拠とするサッカーチーム、セルティックFCの最新鋭のトレーニング施設は、2007年以降、かつてのレノックス城の敷地内にある。チームの選手にとって、レノックス城はいつもかび臭くて、ちょっと不気味な存在だ。もっとも、試合に備えて体をつくりながらこの城に注意を向ける余裕のある選手は、ほとんどいないだろう。

赤褐色の砂岩に立つ3階建てのネオノルマン建築の館と、ぼろぼろになった城郭風の城壁——レノックス城は、当地の地主ジョン・レノックス・キンケイドのために、1837年から1842年にかけて少なからぬ資金を費やして築かれたものだ。建築を手がけたデイビッド・ハミルトンは「グラスゴー建築の父」と呼ばれ、その建築作品だけでなく、「才気煥発な会話」でも高く評価されていた。

レノックス城は地盤沈下と破壊行為に悩まされ、屋根のタイルと木材を泥棒に剥ぎとられた1990年代後半以降は風雨にさらされていた。そして、セルティックが隣に引っ越してきてから1年足らずで火災に襲われ、今や「危機に瀕するスコットランドの重要建築」のリストに名を連ねている。

かつて壮麗な貴族の館だったこの城は、50年以上にわたって、ある病院の看護師たちの住居という、慎ましやかな役割を担っていた。その病院は、のちに城と同じレノックスの名で呼ばれるようになる。

「精神薄弱者」の住居

1927年、レノックス家は城と495ヘクタールの土地を2万5000ポンドでグラスゴー・コーポレーション（グラスゴー市の地方自治体）に売却した。市はこの不動産を、当時のひどい用語で言えば「精神薄弱者」の住居に改造したいと考え、100万ポンドを超える費用を注ぎ込んだ。背景にあったのは、1913年に成立した精神薄弱者法だ。この法律の一部は、「"頭の弱い者"たちがイギリスの血統を弱体化させる」と主張する優生学理論の影響を受けており、該当者を一般市民から取り除くための隔離病院の設置を認める内容であった。1936年の開業当時、レノックス・キャッスル病院はそうした施設のモデルと見なされ、それまで主流だった陰惨な精神病院に真の文明的な進歩をもたらすと信じられていた。

右：レノックス城の廃墟を写した空中写真。

患者1200人（男女600人ずつ）を収容できるこの病院は、それ専用にできた20室の寄宿ブロック（「ビラ〈村〉」と呼ばれた）にグラスゴー市の学習障害者を収容するようにつくられていた。集会場や、既婚の職員と独身の看護師のための居住区もあった。食事は2つある広い食堂でとった。

　当初は、病院と敷地の全体が厳密に男女で分けられており、男性の患者と職員は丘の下のエリア、女性は丘の上のエリアに囲い込まれ、中央にある八角形の喫茶室が境界線になっていた。病院幹部の監視のもとで開催された週に1度のお茶とダンスの会が、男女の患者と看護師が交流できる唯一の場だった。病院ができたばかりの頃は、周辺地域との隔離を強めるために、地元出身の職員の雇用さえもよしとされなかった。

　病院の保守の大部分は患者たちが担っていた。患者には洗濯場、厨房、庭での仕事が割り当てられ、報酬は煙草で支払われた。安物の紙巻き煙草10本が週給の相場だったようだ。規律は厳格で、ささいな違反を犯しただけでも、患者はベッドから出ることを禁じられた。食事はパンと水だけにされ、手に負えない振る舞いをした者には鎮静剤のパラアルデヒドが投与された。

　レノックス・キャッスル病院に隔離された人の多くは、「IQが低い」と判断さ

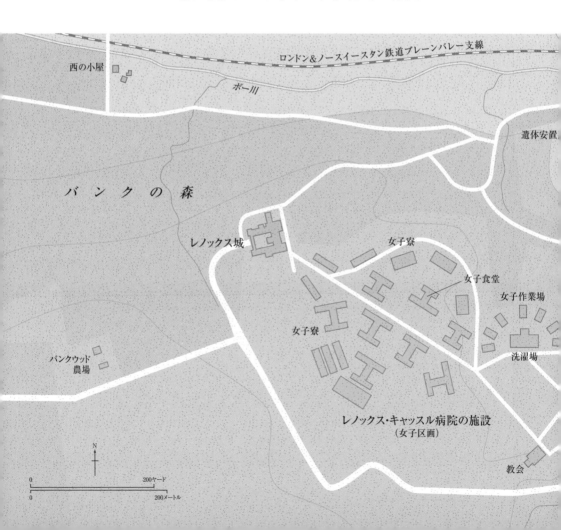

れた青少年や若年成人であり、犯罪や社会制度の裂け目に落ちてしまっただけ
の人たちだった。2013年、『デイリー・レコード』紙がノーマン・テルファーの
事例を報じた。学校をさぼって14歳でこの施設に入れられたテルファーは、40
年以上にわたって入院していた。1930年代の風潮では、当時の性規範に従わな
い労働者階級の少女は、「道徳的に堕落している」と見なされることが多かった。
この病院の末期に働いていた職員は、そうした偏見に満ちた医療診断の犠牲に
なった女性患者たち（その頃には高齢になっていた）の世話をしたと振り返っ
ている。

戦後の混乱

　第二次世界大戦中、レノックス・キャッスル病院は一時的に軍に徴用された。
終戦からほどなくして一般向けの産科別棟が敷地内につくられ、1948年にはメ
アリー・マクドナルド・マクローリン・ローリー（"ルル"の芸名で知られる歌手）
がここで生まれている。その後の数十年で、病院は需要への対応に苦労し、過
密と人手の問題に悩まされるようになる。1957年には大規模な暴動が発生し、
秩序回復のために消防隊に出動が要請され、暴動参加者にホースで放水する場

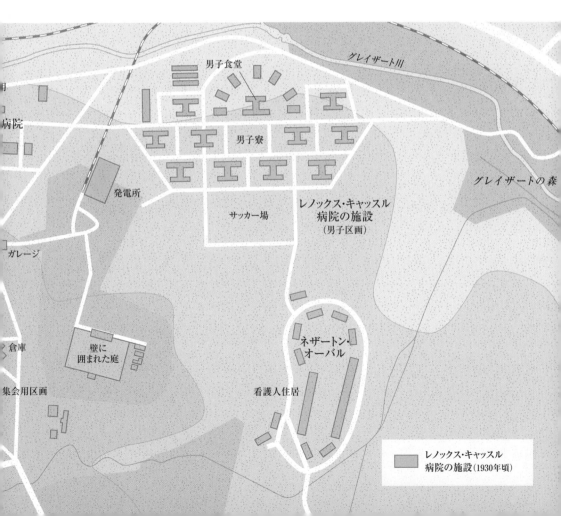

面もあった。暴動の中心になったのは、別の病院からレノックス・キャッスルに移されたばかりで、とりわけ大きな不満を抱えた患者たちだった。

時代とともに精神病治療に対する考え方が変化すると、病院の劣悪な環境や患者のひどい扱いがしきりに報道されるようになる。そんな中、1989年に『ブリティッシュ・メディカル・ジャーナル』で発表されたある研究によって、入院患者の4分の1が「甚だしい低体重で栄養不良」の状態であることが明らかになり、レノックス・キャッスル病院は1990年代に段階的に閉鎖された。

2002年には当初の城の廃墟が残るだけとなり、その後セルティックが周辺の土地を国民保健サービスから買い取ることになった。偶然ではあるが、この病院の最初期から、サッカーは入院生活の大切な一要素だった。1938年の写真には、レノックス病院XI患者チームの面々がセルティックAチームの選手と一緒にポーズをとって収まっている。セルティックの選手たちは、病院の新しいサッカー場のこけら落とし試合のために、レノックスタウンを訪れていたのだ。

右：広大な病院の複合施設のうち、残っているのは城の廃墟だけだ。

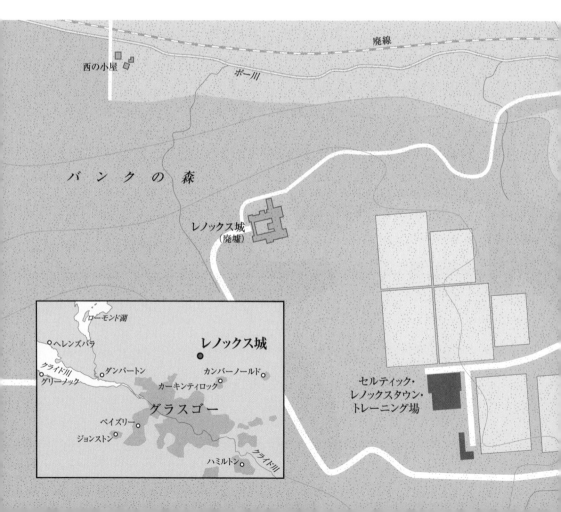

廃線

西の小屋

ポー川

バンクの森

レノックス城
（廃墟）

セルティック・
レノックスタウン・
トレーニング場

ローモンド湖

レノックス城

ヘレンズバラ

クライド川
グリーノック

ダンバートン

カンバーノールド

カーキンティロック

グラスゴー

ペイズリー

ジョンストン

ハミルトン

クライド川

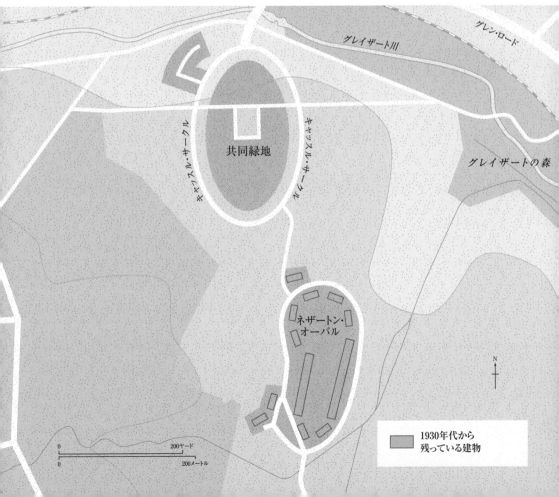

グレイザート川

グレン・ロード

キャッスル・サークル

共同緑地

キャッスル・サークル

グレイザートの森

ネザートン・オーバル

N

| 0 | 200ヤード |
| 0 | 200メートル |

1930年代から
残っている建物

アルカトラズ刑務所

ALCATRAZ PRISON

サンフランシスコ（アメリカ、カリフォルニア州）　SAN FRANCISCO, CALIFORNIA, USA

多くの映画の舞台にもなった、世界的に著名な刑務所。
屈指のギャング、アル・カポネが収容されたことでも知られている。
周囲を海に囲まれた立地から脱獄はほぼ不可能とされたが、
それゆえにこそ脱獄をテーマにした作品が数多くつくられた。
映画だけでなく、現実にも脱獄の試みは何度もあった。

　サンフランシスコには地図製作者に恵まれない時代があった。1603年、スペイン王フェリペ3世のためにカリフォルニア沿岸の地図を作成するべく派遣されたセバスチャン・ビスカイノは、金門海峡とサンフランシスコ湾を通過したが、どちらにも目を留めなかった。この見過ごしは、ビスカイノが犯した数々のミスの1つに過ぎない。さらに190キロほど南にあるモントレー湾のスケッチはまったく不正確で、のちに訪れた人たちがなかなかそれと分からなかったほどだ。

　サンフランシスコ湾に浮かぶ荒涼たる砂岩の島（今日のアルカトラズ島）のネーミングも、やはり地図に絡んだ手違いに起因する。海鳥の糞が堆積したこの島は、1770年にこのあたりを調査したスペイン人探検家たちの間では、シンプルに「岩島」と呼ばれていた。ところが、イギリスのとある船長がこの湾の海図を描いた際、すぐ近くにあるイエルバブエナ島の地元での愛称を誤ってこの島につけてしまった。彼の筆がすべったおかげで、「ザ・ロック」はそれよりも魅力的な響きを持つ「イスラ・デ・ロス・アルカトラセス（ペリカンの島）」になったというわけだ。

　だが、アルカトラズ島を決定的に有名にしたのは、ペリカンではなく囚人たちだった。この島にある「最大限の警備、最小限の権利」を掲げた連邦刑務所は、29年間にわたりアメリカ屈指の悪名高い刑務所として知られていた。湾の真ん中に位置し、四方を危険な冷たい海に囲まれたこの施設には、殺人者や誘拐犯、強姦魔、ギャング、スパイの中でも特に極悪な者たちが投獄された。

軍事要塞の建設

　そんなこの島も、19世紀半ばまでは鳥たちの楽園だった。アメリカ・メキシコ戦争の戦利品としてアメリカが新たに獲得したカリフォルニア州は、その領土の強化に力を注いでいた。1850年、ミラード・フィルモア大統領の署名入りの命令により、太平洋岸に連なるアメリカの防衛拠点の一環として、アルカトラズ島に軍事要塞が築かれることになる。建設事業は、兵士で技師のゼラス・ベイツ・タワーの指揮のもとで完遂された。タワーの仕事は気楽なものではなかった。島へははしけと渡し船でしか行けないので、物資輸送が難

右：アルカトラズ島の連邦刑務所には、当時のアメリカで最も危険で悪名高い重罪犯たちが収容されていた。

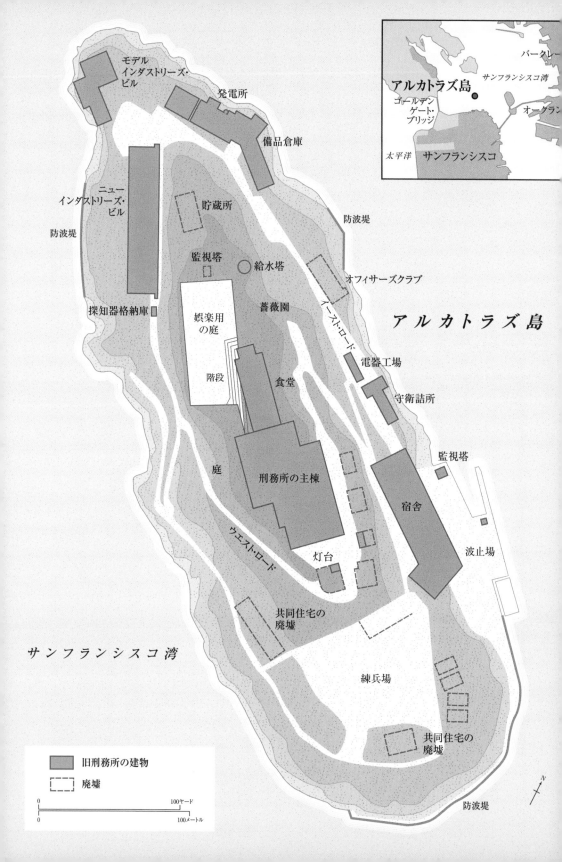

モデル
インダストリーズ・
ビル

発電所

備品倉庫

ニュー
インダストリーズ・
ビル

防波堤

貯蔵所

監視塔

給水塔

探知器格納庫

娯楽用
の庭

薔薇園

オフィサーズクラブ

防波堤

アルカトラズ島

階段

食堂

電器工場

守衛詰所

庭

刑務所の主棟

監視塔

宿舎

灯台

波止場

ウエスト・ロード

サンフランシスコ湾

共同住宅の
廃墟

練兵場

共同住宅の
廃墟

旧刑務所の建物

廃墟

0　　　　　　　　　100ヤード

0　　　　　　　　　100メートル

N

バークレー

サンフランシスコ湾

アルカトラズ島

ゴールデン
ゲート・
ブリッジ

オークラン

太平洋

サンフランシスコ

防波堤

しく、工事は絶えず遅れた。労働者を引き留めておくのも大変だった。というのも、サンフランシスコ湾の霧や雨の中、軍が統制する過酷な環境で骨を折るよりも、サクラメント・バレーの金鉱に馳せ参じるほうを選ぶ者が多かったからだ。

1859年の完成からさほど経たないうちに、要塞の一部はすでに監獄として使われ、脱走兵などの軍規違反者が収容されるようになっていた。1861年の南北戦争勃発後には、収容者のリストに南部連合の支持者も加わった。1907年には新しい独房棟が建てられ、要塞全体が軍事刑務所に転用される。1934年、軍はこの刑務所を連邦政府に譲り渡し、司法省から初代刑務所長に任命されたジェームズ・A・ジョンソンが、矯正困難で手に負えない犯罪者専用の監獄の指揮を執ることになった。

「黄金律の刑務所長」とあだ名され、過去にはフォルサム刑務所とサン・クエンティン刑務所を運営した刑罰学者でもあるジョンソンは、規律を重んじる厳格な人物で、任期最初の3年は囚人に沈黙の規則を課していた。アルカトラズでは、囚人たちは意図的に孤立させられ、退屈な繰り返しの毎日を送った。1人1人が広さ1.5メートル×2.7メートルの独房に閉じこめられ、平日には朝7時の起床から夜9時半の消灯まで変化のない労働プログラムをこなし、中断といえばほとんど食事休憩しかなかった。土曜と日曜には、決められた時間だけ娯楽用の庭に出て、バスケットボールなどの所定のゲーム

下：アルカトラズ刑務所の監房の内部。囚人たちを取り巻いていた簡素で寒々しい環境がうかがえる。

やちょっとした活動が許された。ひと月に2回映画が上映され、ひ
と月に1人の来訪者と面会することが認められていた。だが、どの
ような権利であれ、刑務所長の承認を受けなければならず、一瞬で
取り上げられることもあった。刑務所を出入りする手紙は、例外な
く所内で検閲された。

　アルカトラズ刑務所でとりわけ悪名高かったのは、ごく初期に入
所した囚人だった。シカゴ犯罪委員会に「民衆の最大の敵」と烙印
を押されたギャングであり、"スカーフェイス"の通り名で知られ
たアル・カポネは、最終的に脱税の罪で起訴され、アルカトラズ刑
務所の開設からまもない1934年8月に、アトランタの刑務所から移
送されてきた。もしかしたら、連邦政府の厳重な新設刑務所を一般
市民に知らしめるための宣伝行為だったのかもしれない。アトラン
タですでに梅毒と診断され、心身の健康状態を悪化させていたこと

放棄された施設

から、カポネはアルカトラズでの最後の1年を所内の病院棟で過ごすことになる。刑務所内でも何度か命を狙われ、危ういところで難を逃れた。仲間の囚人に背中を刺されたこともある。その一方で、「ザ・ロック・アイランダーズ」なるバンドでバンジョーも弾いていた。このバンドは楽器を演奏する特権を与えられた囚人たちが組んだもので、日曜の夜などに刑務所内の娯楽として定期的にコンサートを開いていた。

大胆不敵な脱獄

アルカトラズ島へは船でなければたどり着けないうえ、本土からは1.6キロ以上離れている。そのため、刑務所からの脱獄はほぼ不可能だと当局は考えていた。脱獄の試みは14回あったと記録されているが、いずれも成功しなかったと見られている。最も血なまぐさい脱獄事件は、1946年5月2日から4日にかけて起こった。「アルカトラズの戦闘」として記憶されることになるこの脱獄事件では、まず囚人6人が看守を制圧し、監房を掌握した。看守2人が死亡、さらに18人が負傷し、秩序回復のために海兵隊を派遣しなければならなかった。その後の乱闘の中で、脱獄を試みた6人のうち3人が死亡。生き延びた3人のうち2人は、のちに殺人罪で死刑になり、残りの1人は21歳未満だったため、脱獄に加担したとして2度目の終身刑の判決を受けた。

1962年6月11日の夜、さらに大胆不敵な脱獄が試みられる。この事件はほとんど伝説になり、クリント・イーストウッド主演の映画『アルカトラズからの脱出』のもとにもなった。計画を企てたのはフランク・リー・モリス。共犯者にはジョンとクラレンスのアングリン兄弟、そしてアレン・クレイトン・ウエストがいた。準備には数カ月が費やされ、脱獄犯たちは換気孔へつながるトンネルを掘った。脱獄を隠すためにダミーの頭を監房のベッドに置くことまでした。決行の晩、ウエストは自室の換気孔の格子を外すことができずに取り残されてしまう。モリスとアングリン兄弟は脱出に成功し、翌朝まで発覚しなかった。3人はついに見つからず、溺死と判断された。だが、遺体は打ち上げられなかったので、彼らはアルカトラズに勝ったかもしれないという、興味をそそる可能性が残されることになった。

その「脱獄」と同じ年、ロバート・ストラウドの生涯を脚色たっぷりに描き、バート・ランカスターが主演した映画『終身犯』が公開された。現実のストラウドは有罪判決を受けた殺人犯で、カナリアに関する本を2冊書いたことでも知られる。刑務所の医師に暴力的な精神病質者と診断され、職員やほかの囚人に対する予測不能な暴力行為を理由に、アルカトラズでは独居房に監禁されていた。映画の中のバート・ランカスターとは違い、現実のストラウドが独房で鳥の飼育を認められたことはない。

この映画の公開からほどなくして、アルカトラズ刑務所は閉鎖される。1963年の議会委員会において、同刑務所の囚人1人あたりのコストがニューヨークの高級ホテル「ウォルドーフ・アストリア」の宿泊費に等しいとの結論が下され、ロバート・ケネディ司法長官の判断で終止符が打たれたのだ。

1969年から1971年にかけて、先祖から受け継いだ土地所有権を主張するネイティブアメリカンが一時的に島を占拠したものの、アルカトラズ島は1973年にゴールデンゲート国立保養地に組み入れられ、空っぽになった刑務所の一般公開が始まった。たっぷり暇がある人なら、自由を奪うことに特化したこの施設を、何時間もかけてのんびり探索することができる。かつてなら、「こんな場所で時間を過ごすなどまっぴらだ」と誰もが思ったであろうこの施設をだ。

主要参考文献

This publication owes an enormous debt to numerous other books and articles. This select bibliography will, hopefully, give credit where credit is due and point those who want to know more in the right direction.

Adler, Richard, *Robert Koch and American Bacteriology* (McFarland & Company Inc, Jefferson, NC, 2016)

Andreassen, Elin, *Persistent Memories: Pyramiden, a Soviet Mining Town in the High Arctic* (Tapir Academic Press, Trondheim, 2010)

Bahn, Paul G. (ed.). *Lost Cities* (Weidenfeld & Nicolson, London, 1997)

Barbara, Christen and Flanders Steven, eds, *Cass Gilbert, Life and Work: Architect of the Public Domain*, (WW Norton, New York, 2001)

Bartlett W.B., *King Cnut and the Viking Conquest of England 1016* (Stroud: Amberley, 2016)

Beale, Catherine, *Born Out of Wenlock: William Penny Brookes and the British Origins of the Modern Olympics* (Derby Books Company, Derby, 2011)

Berdy, Judith, and the Roosevelt Island Historical Society, *Roosevelt Island* (Arcadia Publishing, Charleston, SC, 2003)

Bhatt, S.K., *The Art and Architecture of Mandu* (Academy of Indian Numismatics and Sigillography, Indore, 2002)

Birley, Derek, *A Social History of English Cricket* (Aurum, London, 2013 edition)

Blakemore, Harold, *From the Pacific to La Paz : the Antofagasta (Chili) and Bolivia Railway Company 1888–1988* (Lester Crook Academic/Antofagasta Holdings, London, 1990)

Bowler, Gerald, *Santa Claus: a Biography* (McClelland & Stewart, Toronto, ON, 2005)

Boswell, James, (eds) Brady, Frank and Pottle, Frederick A., *Boswell on the Grand Tour: Italy, Corsica, and France, 1765–1766* (Heinemann, London, 1955)

Boykoff, Jules, *Power Games: a Political History of the Olympics* (Verso, London; Brooklyn, NY 2016)

Briggs, Philip and Roberts, Andrew, *Uganda* (Bradt, London, 2007)

Bullock, Alan, *Hitler: A Study in Tyranny* (Penguin, London, 1990 edition)

Caldwell Hawley, Charles, *A Kennecott Story: Three Mines, Four Men, and One Hundred Years, 1887–1997* (University of Utah Press, Salt Lake City, 2014)

Campbell Bruce, J., *Escape from Alcatraz: The True Crime Classic* (Ten Speed Press; New edition, Berkley, 2005)

Cantor, Jay E., *The Public Architecture of James Renwick, Jr: An Investigation of the Concept of an American National Style of Architecture During the Nineteenth Century* (University of Delaware, Newark, 1967)

Carter, Bill, *Boom, Bust Boom: A Story About Copper the Metal That Runs the World* (Scribner, New York, 2012)

Chico, Beverly, *Hats and Headwear Around the World: A Cultural Encyclopedia* (ABC-CLIO, LLC, Santa Barbara, CA, 2013)

Clammer, Paul, *Haiti* (Bradt, London, 2012)

Colquhoun, Kate, *A Thing in Disguise: the Visionary Life of Joseph Paxton* (Fourth Estate, London, 2003)

'Commercial Nuclear Power: Prospects for the United States and the World', Energy Information Administration, US Department of Energy, August 1991

Connors, Robert James, *Romancing Through Italy* (Plumeria Publishing, Lake Wales, Fl, 2017)

D'Angella, Dino (translated by The Craco Society, inc), *The History of the Town of Craco* (The Craco Society, Sandwich MA, 2013)

Davich, Jerry, *Lost Gary, Indiana* (The History Press, Charleston SC, 2015)

Derrick, Peter, *Tunnelling to the Future: The Story of the Great Subway Expansion that Saved New York* (New York University Press, New York; London, 2002)

Dormandy, Thomas, *The White Death: A History of Tuberculosis* (Hambledon Continuum, London, 2002 edition)

Druitt, T H, Kokelaar, editors, *The Eruption of Soufrière Hills Volcano, Montserrat from 1995 to 1999* (Geological Society, London, 2002)

Dubois, Laurent, *Avengers of the New World: The Story of the Haitian Revolution* (Belknap, Cambridge, Mass.; London, 2004)

Elborough, Travis, *Wish You Were Here: England on Sea* (Sceptre, London, 2010)

Fabijančić, Tony, *Croatia: Travels in Undiscovered Country* (University of Alberta Press, Edmonton, 2003)

Freely, John, *A History of Ottoman Architecture* (WIT, Southampton, c2011)

Gray, Fred, *Walking on Water: The West Pier Story* (Brighton West Pier Trust, Brighton, 1998)

Greenlaw, Jean-Pierre, *The Coral Buildings of Suakin: Islamic Architecture, Planning, Design and Domestic Arrangements in a Red Sea Port* (Routledge, Taylor & Francis Group, London, 2015)

Gullers, K.W., *Sweden Around the World* (Gullersproduktion/ Almqvist & Wiksell, Gebers, Stockholm, 1968)

Hamman, Brigette, *Hitler's Vienna: A Dictator's Apprenticeship* (OUP, Oxford, 2001)

Hardwick, M. Jeffrey, *Mall Maker: Victor Gruen, Architect of An American Dream* (University of Pennsylvania Press, Philadelphia, 2004)

Haywood, John et al. *The Cassell Atlas of World History: The Ancient and Classical Worlds Volume One* (Cassell, London, 2000)

Helmreich, William B., *The Manhattan Nobody Knows: An Urban Walking Guide* (Princeton University Press, Princeton, 2018)

主要参考文献

Higham, N. J., *King Arthur: Myth-Making and History* (Routledge, London, 2009)

Hinckley, James, *Backroads of Arizona: Your Guide to Arizona's Most Scenic Backroad Adventures* (Motorbooks International, Osceola, WI, 2006)

Hood, Clifton, *722 miles: The Building of the Subways and How They Transformed New York* (The Johns Hopkins University Press, Baltimore, Md.; London, 2004)

Jetzinger, Franz, translated Wilson, Lawrence Wilson; foreword Bullock, Alan, *Hitler's Youth* (Greenwood Press, Westport, Conn, 1976)

Kidder, Randolph, *Sir Ernest Cassel, International Financier* (Harvard University Press, Cambridge, MA,1935)

King, G. R. D., *The Traditional Architecture of Saudi Arabia* (I.B. Tauris, London, 1998)

Kohl, Helga and Schoeman, Amy, *Kolmanskop: Past and Present* (Klaus Hess Verlag, Göttingen, 2004)

Korrodi, Ernesto, *Alcobaça. Estudo histórico-archeológico, etc.* (with summaries in French and English, Porto, 1929)

Lansdowne, Miki, *Abandoned Gary, Indiana: Steel Bones* (America Through Time, Arcadia, Charleston, SC, 2019)

Lear, Edward, *Edward Lear in Corsica: the Journal of a Landscape Painter* (William Kimber, London, 1966)

Leroux, Vincent, *Secret Southern Africa: Wonderful Places You've Probably Never Seen* (AA publishing, Basingstoke, 1994)

Listri, Massimo, *Magnificent Italian Villas and Palaces* (Rizzoli International Publications, New York, 2004)

Macaloon, John, editor, *This Great Symbol: Pierre de Coubertin and the Origins of the Modern Olympic Games* (Routledge, London, 2008)

Mallinson, William, *Cyprus: A Modern History* (I B Tauris & Co, London, Revised edition, 2008)

McKean, John, *Crystal Palace: Joseph Paxton and Charles Fox* (Phaidon, London, 1994)

Miller Robinson, Fred, *The Man in the Bowler Hat: His History and Iconography* (University of North Carolina Press, Chapel Hill, N.C, 1993)

Micale, Mark and Porter, Roy editors, *Discovering the History of Psychiatry* (OUP, Oxford 1994)

Mortada, Hisham, *Traditional Built Environment of Saudi Arabia: Al-Ula Unearthed* (Benton Heights LLC, Baltimore, 2020)

Newton, Matthew, *Shopping Mall* (Bloomsbury Academic, London, 2017)

Ownings, Lisa, *Craco: The Medieval Ghost Town* (Bellwether Media, Minneapolis, MN, 2018)

Ponting, Clive, *The Crimean War: The Truth Behind the Myth* (Chatto & Windus, London, 2004)

Pryce, Will, *Architecture in Wood: A World History* (Thames & Hudson, London, 2005)

Rogers, John ed, *Gillespie Kidd & Coia: Architecture 1956–1987* (Lighthouse, Glasgow School Art, Glasgow, 2007)

Rosenfeld, Alvin H., *Imagining Hitler* (Indiana University Press, Bloomington, 1985)

Seal, Jeremy, *Santa: a Life* (Picador, London, 2005)

Stevens, Rachel, 'Creating the Artwork for Tame Impala's 'The Slow Rush', *Creative Review*, 27 February, 2020

Stringfellow, Kim, *Greetings from the Salton Sea: Folly and Intervention in the Southern California Landscape, 1905–2005,* (The Center for American Places at Columbia College Chicago, Chicago, 2011)

Stross, Randall, *The Wizard of Menlo Park: How Thomas Alva Edison Invented the Modern World* (Crown Publishing, Random House, New York, 2007)

Subramanian, V. K., *Art Shrines of Ancient India* (Abhinav, New Delhi, 2003)

Taha, Shadia, *Attachment to Abandoned Heritage: The Case of Suakin, Sudan* (Archaeopess, Oxford, 2013)

Taylor, Blaine, *Hitler's Headquarters: from Beer Hall to Bunker* (Potomac Books Inc, Dulles, Va, Poole, 2007)

Uncredited, 'Danish Rubjerg lighthouse moved inland on skates', BBC News Online, 22 October 2019, https://www.bbc.co.uk/news/world-europe-50139900

Uncredited, 'Uganda's Punishment Island: "I was left to die on an island for getting pregnant"', BBC News online 29 April 2017, https://www.bbc.co.uk/news/world-africa-39576510

Warwick, Alan R., *The Phoenix Suburb: A South London Social History* (The Norwood Society, London, 2008 edition)

Watters, Diane, *St Peter's, Cardross: Birth, Death and Renewal* (Historic Environment Scotland, Edinburgh, 2016)

Wellman, Gregory L., *A History of Alcatraz Island, 1853–2008* (Arcadia Publishing Arcadia Publishing, Charleston, SC, 2008)

White, Richard editor, foreword, Massie, Allan, *King Arthur in Legend and History* (Routledge, Abingdon, 1997)

Winegardner, Mark, *Elvis Presley Boulevard: From Sea to Shining Sea, Almost* (Avalon Travel Publishing, Berkeley, CA, 2000)

Womack, Kenneth, *Sound Pictures: The Life of Beatles Producer George Martin, the Later Years, 1966–2016* (Chicago Review/Orphans Publishing, Chicago/Leominster, 2018)

Yazdani, Ghulam, *Mandū, the City of Joy* (Oxford University Press, Oxford, 1929)

写真クレジット

13 gezginphoto/Shutterstock; 18 Laurens Corijn/REX Shutterstock; 19 Roman Jocher/EPA/ Shutterstock; 21 t Christian Aslund/Getty Images; 21 b Maja Hitij/Staff/Getty Images; 26 José Goncalves/Wikimedia Commons; 27 Joseolgon/Wikimedia Commons; 30 CMORimages/ Shutterstock; 31 CMORimages/Shutterstock; 35 Thomas Skjaeveland/Shutterstock; 37 t Dorosh/Shutterstock; 37 b Reflex Life/Shutterstock; 40 Roman Robroek/Alamy Stock Photo; 41 sanzen/Alamy Stock Photo; 45 t Martpod/Shutterstock; 45 b Martpod/Shutterstock; 50–51 Hyserb/Shutterstock; 53 Waj/Shutterstock; 56 saiko3p/Shutterstock; 59 monticello/ Shutterstock; 63 t VTR/Alamy Stock Photo; 63 b UtCon Collection/Alamy Stock Photo; 66 Charles Seabranch/EyeEm/Getty Images; 70–71 James Davis Photography/Shutterstock; 76 Matej Hudovernik/Shutterstock; 77 Juergen_Wallstabe/Shutterstock; 79 Trina Barnes/ Shutterstock; 84–85 annamarias/Alamy Stock Photo; 86 annamarias/Alamy Stock Photo; 87 t annamarias/Alamy Stock Photo; 87 b annamarias/Alamy Stock Photo; 91 Iconographic Archive/ Alamy Stock Photo; 93 K I Photography/Shutterstock; 94–95 Steve Buckley/Shutterstock; 97 Visions of America, LLC/Alamy Stock Photo; 100–101 Franck Fotos/Alamy Stock Photo; 104 Tommy Trenchard/Alamy Stock Photo; 105 Tommy Trenchard/Alamy Stock Photo; 108 Sean Pavone/Alamy Stock Photo; 109 mck2197/Alamy Stock Photo; 112 Università di Corsica Pasquale Paoli/Territorial Collectivity of Corsica/ http://m3c.univ-corse.fr/omeka/items/ show/1095758; 112–113 Jon Ingall/Alamy Stock Photo; 117 seeshooteatrepeat/Shutterstock; 118–119 Christopher Chambers/Shutterstock; 122 Everett Collection Inc/Alamy Stock Photo; 123 mauritius images GmbH/Alamy Stock Photo; 127 Media Drum World/Alamy Stock Photo; 129 t Damian Pankowiec/Shutterstock; 129 b Rinma_DBK/Shutterstock; 134 Alastair Philip Wiper-VIEW/Alamy Stock Photo; 140 Sahan Nuhoglu/Shutterstock; 141 Sahan Nuhoglu/Shutterstock; 143 Bisual Photo/Shutterstock; 148 Hein Nouwens/Shutterstock; 149 Richard Gray/Alamy Stock Photo; 152 MJ Photography/Alamy Stock Photo; 156 Michael Freeman/Alamy Stock Photo; 159 mauritius images GmbH/Alamy Stock Photo; 166 Tom Kidd/Alamy Stock Photo; 170–171 raoyang/iStock; 174 dottorkame/Shutterstock; 175 Angela Demi/Alamy Stock Photo; 177 Kevin Key/Shutterstock; 178–179 Kevin Key/ Shutterstock; 184–185 Westend61/Alamy Stock Photo; 188 aswphotos134/Shutterstock; 189 Victor Solanoy/Wikimedia Commons; 191 John Carroll Photography/Alamy Stock Photo; 195 TreasureGalore/Shutterstock; 197 Westend61/Getty Images; 199 Square Box Photos/ Shutterstock; 200 Naeblys/Shutterstock

謝辞

　まず、この本を依頼してくれたザラ・アンバリ、鋭い観察眼で原稿をチェックして
くれたジュリア・ショーン、そして編集者のジョー・ホールズワースに感謝の意を表
します。本書に欠かせない数々の地図は、シリーズ前作に続き、私の地図共同制作
者マーティン・ブラウンが描いてくれました。素晴らしいカバーをデザインしてくれ
たハンナ・ノートンにも一同感謝しています。

　そして、本書とこれまでのシリーズのために尽力してくれたリチャード・グリーン、
ケイティ・ボンド、White Lion Publishing社の皆さん、特に広報のメロディー・オドゥ
サンヤに感謝を捧げます。

　また、ロンドンはセント・パンクラスの大英図書館、セント・ジェームス・スクエ
アのロンドン図書館、ハックニー図書館ストーク・ニューイントン分館のスタッフと
司書の方々にお礼を申し上げます。

　最後に、現在だけでなく古代も含めた私の友人たち、大西洋をはさんで暮らす家
族や親戚、そして美しく聡明な妻エミリー・ビックと、私たちの愛猫ヒルダとキット
に感謝します。

INDEX

ナショナル ジオグラフィック パートナーズは、ウォルト・ディズ
ニー・カンパニーとナショナル ジオグラフィック協会によるジョイン
トベンチャーです。収益の一部を、非営利団体であるナショナル
ジオグラフィック協会に還元し、科学、探検、環境保護、教育にお
ける活動を支援しています。

このユニークなパートナーシップは、未知の世界への探求を物
語として伝えることで、人々が行動し、視野を広げ、新しいアイデ
アやイノベーションを起こすきっかけを提供します。

日本では日経ナショナル ジオグラフィックに出資し、月刊誌『ナ
ショナル ジオグラフィック日本版』のほか、書籍、ムック、ウェブ
サイト、SNSなど様々なメディアを通じて、「地球の今」を皆様に
お届けしています。

nationalgeographic.jp

世界から忘れられた廃墟
誕生・繁栄・破滅の物語

ATLAS OF FORGOTTEN PLACES

First published in 2021 by White Lion Publishing
an imprint of The Quarto Group.
The Old Brewery, 6 Blundell Street London, N7
9BH, United Kingdom
Text © 2021 Travis Elborough
Maps by Martin Brown

Travis Elborough has asserted his moral right to be
identified as the Author of this Work in accordance
with the Copyright Designs and Patents Act 1988.

All rights reserved. No part of this book may
be reproduced or utilised in any form or by
any means, electronic or mechanical, including
photocopying, recording or by any information
storage and retrieval system, without permission in
writing from Leaping Hare Press.

Every effort has been made to trace the copyright
holders of material quoted in this book. If
application is made in writing to the publisher, any
omissions will be included in future editions.
A catalogue record for this book is available from
the British Library.

Japanese translation rights arranged with Quarto
Publishing Plc
through Japan UNI Agency, Inc., Tokyo

2022年11月14日　第1版1刷

著　者	トラビス・エルボラフ
	マーティン・ブラウン
訳　者	梅田智世
編　集	尾崎憲和　川端麻里子
装　丁	渡邊民人(TYPEFACE)
本文デザイン	TYPEFACE(AD：清水真理子　D：谷関笑子)
編集協力・制作	(株)リリーフ・システムズ
発行者	滝山晋
発　行	(株)日経ナショナル ジオグラフィック
	〒105-8308　東京都港区虎ノ門4-3-12
発　売	(株)日経BPマーケティング

ISBN978-4-86313-535-2　Printed in Singapore

乱丁・落丁本のお取替えは、こちらまでご連絡ください。
https://nkbp.jp/ngbook